A

NAPOLÉON LE GRAND,

EMPEREUR DES FRANÇAIS,

ROI D'ITALIE,

PROTECTEUR

DE LA CONFÉDÉRATION DU RHIN,

RESTAURATEUR DES LOIS.

DE LA RÉFORME ULTÉRIEURE DES LOIS CIVILES.

PAR M. OLIVIER,

Membre de la Cour d'Appel de Nîmes.

Suite et complément des autres Ouvrages
du Même, sur cette matière.

A CARPENTRAS,

Chez D. G. QUENIN, Imprimeur-Libraire.

1806.

CHAPITRE PRÉLIMINAIRE.

Hommage rendu au nouveau Code civil Français, quel que soit le besoin de révision.

Lorsqu'un édifice nouveau de la plus belle architecture s'offrant à nos regards commande l'admiration , lorsqu'il s'élève sur les débris de bâtimens gothiques et disparates naguères propres à blesser la vue des passans , le connoisseur qui s'empresse d'accorder son suffrage au suffrage universel , n'en diminue rien en indiquant çà et là les défauts qu'il aperçoit, mû par le désir d'amener l'ouvrage au plus haut degré de perfection.

L'édifice des lois est d'une si grande importance pour le bonheur de l'état social, la rédaction d'un nouveau Code entreprise avec une extrême sagesse , avec les procédés de discussions les plus solennels est si recommandable , que quiconque ose indiquer des corrections , doit rigoureusement les soumettre au creuset de la raison publique dont le Gouvernement devient ensuite le juge , pour les adopter ou les rejeter.

Quelque justes que puissent être de telles indications émises par un pur zèle patriotique de bien public , nous sommes obligés de reconnoître que le renouvellement du Code en France , environné de tant de scrupuleuses précautions , a si prodigieusement amélioré la jurisprudence , que ce seroit se montrer trop ingrat envers un bienfait d'un si grand prix , que de ne pas s'imposer un profond respect pour ce nouveau Code , sans préjudice de la perfection qu'il peut atteindre lors d'une révision.

S'il étoit bien vrai qu'on eût donné

à la France le meilleur Code qu'elle pût recevoir, ce seroit s'attacher à des perfections illusoires que de les chercher hors de ce cercle. Mais nous n'en sommes pas là, puisque la haute sagesse des rédacteurs, qui les a su défendre de trop d'enthousiasme sur le succès de leur vaste et difficile entreprise, les a portés à convenir eux-mêmes de la nécessité d'une révision.

Il semble qu'il ne faudroit l'attendre que de l'expérience d'un certain nombre d'années. Mais est-il inutile de préparer les méditations des hommes d'état, d'attirer l'attention des Magistrats, des Jurisconsultes les plus éclairés sur les points les plus susceptibles de révision, pour déterminer les progrès rapides d'une opinion publique formée sur la toute évidence ? Jouissant du bienfait reçu, il est permis de disposer les voies d'accomplissement d'un plus grand bienfait. Les Juristes collaborateurs du nouveau Code, grands admirateurs et imitateurs de ceux qui avoient coopéré à un si noble dessein sous l'empire de Justinien, n'ignorent pas que le premier essai de ceux-ci fut bientôt nécessairement suivi d'un second; tellement il est essentiel de se hâter d'arriver au plus grand perfectionnement imaginable de la législation intérieure.

Qu'il a été beau le spectacle d'une assemblée de sages choisis parmi les plus sages d'un grand Empire, où toutes les lumières des siècles anciens et modernes sont venues se réfléchir, travaillant avec le calme de l'impartialité commandée même par le souvenir des malheurs récens d'une révolution désastreuse, luttant dans un même esprit de zèle pour le bien public avec les forces des talens oratoires les plus brillants, pour déterminer les meilleures lois, encouragés, quelquefois guidés par l'impulsion et sous l'égide d'un chef suprême rayonnant du plus grand éclat de gloire militaire, et dont le vaste génie a rapidement imprimé le sceau de l'immortalité sur un règne qui défie les plus fastueuses pages de l'histoire !

Lorsqu'au milieu d'un peuple de philosophes je soumettois aux meilleurs esprits, en 1786, mes premiers essais sur la réforme des Lois civiles, après m'y être préparé par des travaux convenables, j'avois dû soigneusement recueillir dans les écrits des littérateurs et des jurisconsultes anciens et modernes, les observations propres à mon sujet sur l'état de dégradation où étoit la jurisprudence Européenne, et touchant le besoin pressant où l'on étoit de la régler par des Codes plus réguliers.

Soit la résistance de mille intérêts privés, soit la diversité des résultats d'opinion chez les nombreux dépositaires

(6)

de la souveraine autorité ou parmi leurs conseils , soit force d'invétérée habitude, soit difficulté dans la conciliation de tant de systêmes législatifs disparates, soit les argumens pris des maximes triviales : *le mieux est l'ennemi du bien ; les change-mens insensibles sont préférables aux violentes innovations* : soit enfin que la masse des opposans parut présenter un obstacle in-vincible au petit nombre des volontés sincères pour l'amélioration des lois , tout annonçoit que mes essais ne se-roient que *vox clamantis in deserto* , un beau rève philosophique. J'insistai né-anmoins en 1787 sur la facilité qu'il y avoit en France à surmonter ce qui jusqu'alors avoit paru insurmontable , savoir : la conciliation des coutumes.

Alors le temps étoit gros de révolution ; de noirs pressentimens annonçoient qu'elle seroit terrible ; elle alloit ébranler tous les Empires jusques dans leurs fondemens :

bientôt la sagesse , qui auroit désiré régulariser des changemens utiles , devoit succomber sous la furie de toutes les passions , sous la licence des innovateurs exagérés. Emettre , en 1789 , des règles de rédaction des lois dans les Monarchies, ce n'étoit de ma part qu'une foible contribution à tant d'autres efforts d'une raison impuissante : la tempête obscurcit l'horison ; les nochers perdent le gouvernail ; mille foudres destructrices frappent dans tous les sens les navigateurs éperdus ; la lueur des éclairs devient plus effrayante que l'obscurité ; mais la Divinité étoit là pour redonner la sérénité du temps , la faire ressortir du choc même de tous les élémens confondus : l'air s'épure ; les brillantes couleurs de l'iris ramènent la paix et l'espérance : telle est l'histoire de BONAPARTE , Chef d'un nouvel Empire , Fondateur du régime Européen. Sans son ascendant, il n'y auroit point eu de Code civil. Les hommes les mieux choisis l'ont tracé sous ses regards ; mais ils ont pensé que leur ouvrage pouvoit être rectifié.

Dois-je maintenant m'imposer silence, par respect pour leur rédaction, pour la célébrité des Auteurs , pour le Nom du grand homme qui l'a consacrée , pour la solennité des procédés qu'il a imposés dans le sens le plus propre à conduire véritablement au but ? Oui, sans contredit, si BONAPARTE , assez élevé pour ne craindre aucune, pour provoquer au contraire l'émission de toute vérité qui peut intéresser le bonheur des sujets , ne vouloit que tout tendît aux meilleurs moyens d'assurer ce bonheur sous son empire ; mais plus l'ouvrage que nous examinons paroîtroit parfait , plus ma tâche seroit difficile à remplir , pour indiquer une perfection supérieure.

A quel degré de perfection pouvons-nous encore parvenir en profitant du travail précieux des rédacteurs du nouveau Code , produit dans une intervalle de temps peut-être trop bref rélativement à l'importance de l'objet ? tel sera le sujet principal de mes recherches, que je soumets à l'opinion publique dans ce volume additionnel aux précédens sur la réforme des Lois civiles.

J'aurai à réclamer l'indulgence du Lecteur, pour qu'il ne considère pas comme une incongruité née de trop de présomption, mais estime seulement comme nécessaire à mon sujet, que je prenne dans mes propres écrits le résumé de diverses règles que j'avois reconnu appartenir à la doctrine civile.

Quelque encouragement que j'aie pu recevoir de l'accord où je me suis trouvé d'avance avec les principaux résultats adoptés par l'élite des Jurisconsultes français employés à la rédaction du Code , l'importance du travail d'une élite aussi distinguée m'impose l'obligation de ne proposer mes observations qu'avec timidité. Qu'il me soit permis néanmoins d'indiquer ici quelques obstacles qui n'ont pu être éludés, et qui s'étant opposés à l'entière perfection de l'ouvrage dont il s'agit, ont nécessité cette révision.

A l'époque du renouvellement récent du Code civil, on a rencontré d'un côté la plus extrême facilité, de l'autre les difficultés les plus puissantes.

Facilité, en ce qu'il demeuroit assez généralement convenu qu'il falloit se rallier au droit romain, et que là on pourroit recueillir à pleines mains les meilleures lois civiles, sauf le mérite du choix à faire, ou de quelques corrections, ou de l'ordre à présenter. Facilité dans les ouvrages préparatoires des Domat et des Pothier ; facilité enfin procurée par la crise révolutionnaire qui plaçoit les Législateurs dans cette position d'un avantage inappréciable, qui permettoit de disposer tout à neuf sans nul obstacle de l'infinie diversité des coutumes qui formoit auparavant une entrave insurmontable en apparence.

Difficultés, en ce que les précédentes écoles de Droit et l'expérience du barreau n'avoient pu en général former que des Jurisconsultes profonds et des Orateurs recommandables à la manière de ces écoles et des barreaux existants. Il s'agissoit de remanier la jurisprudence romaine, et parmi le grand nombre d'individus très-versés dans le droit contumier ou dans le droit romain, très-peu avoient eu le temps de se nourrir de la philosophie des Lois romaines. Ce petit nombre a dû se rencontrer, sans doute, parmi les collaborateurs du nouveau Code. Mais leurs vastes connoissances n'ont point empêché qu'ils se trouvassent environnnés de préventions exagérées sur la subtilité de ces lois, sur l'inapplication de quelques-unes. Quoique guidés par une raison éclairée et une grande sagacité d'esprit, divers axiomes de rédaction des lois ont pu leur échapper. D'ailleurs si dans les discussions d'une association d'hommes d'un mérite distingué on acquiert de grandes lumières par le choc de leurs disputes, par le parallèle de leurs élucubrations, toute association délibérante sur un plan scientifique d'une certaine étendue et délibérant à la majorité, échoue par fois nécessairement, ou plutôt se trouve entraînée hors du grand point d'unité qui doit assortir toutes les parties du plan. Je n'ai jamais connu d'heureuse législation que celle qui est sortie d'un cerveau unique ou y a été ramenée. M'objectera-t-on les Pandectes? mais elles ne nous ont paru belles à un certain degré que lorsque Pothier les a eu ordonnées. J'ajouterai même que les Lois civiles et criminelles auroient dû être produites d'un seul jet, ensemble avec les règles judiciaires.

J'aimerois donc mieux qu'un homme seul entendît toutes les discussions propres à un renouvellement de Code, prît des notes, méditât et résolût. Mais dans une assemblée quelconque de délibérans, si ce n'est par déférences mutuelles, si ce n'est l'empire des charmes de l'orateur qui le premier ou le dernier pérore, si ce n'est l'impression qu'on reçoit des résistances ou de la chaleur des discussions, si ce n'est l'attachement à une jurisprudence qu'on a habituée, même parmi ceux qui se défendent tous sincèrement de telles impressions, les résultats tiendront un peu de l'ensemble de tout cela, ou si l'on veut d'une espèce de hasard qui quelquefois emporte tel ou tel point de résolution. C'est dans ce sens qu'on a dit avant moi que toute assemblée est peuple ; ce qui démontre bien la préférence due au gouvernement d'un seul.

Je diviserai cet ouvrage en deux parties. Dans la première, je considérerai les règles générales de rédaction et l'ensemble du nouveau Code français. Dans la seconde, je parcourrai les détails de ce Code.

Je pense devoir, autant que possible, le ramener à une jurisprudence universelle, c'est-à-dire, qui puisse convenir à tous les états civilisés. Plus il seroit propre à cette universalité d'application, plus il seroit véritablement parfait. Tel, nous devons espérer, sera un jour le Code NAPOLÉON, qui de la France à toute l'Europe s'étendant comme du centre à la circonférence, par le seul ascendant de la bonté des Lois, doit former un monument durable, qui brave même les révolutions des Empires.

PREMIERE PARTIE.

Des Règles générales d'un Code civil , et de l'ensemble du nouveau Code Français.

CHAPITRE PREMIER.

Du vrai mérite de la Législation civile.

Dans le seul mot *Justice* , nous trouvons la définition simple de l'esprit de cette Législation. Elle repose sur une parfaite égalité de droits , sauf le respect dû aux inégalités politiques de rang , d'âge , de position , qui doivent être établies dans leurs rapports avec le Gouvernement. Ainsi l'esprit qui guide les Tribunaux est uniquement Justice: C'est-là que les citoyens puisent une morale touchante d'amour pour la patrie , pour leur Souverain , et d'amour réciproque : donc le Code civil doit contenir les élémens de toute justice.

Cette idée première est bien connue ; mais tous n'aperçoivent pas qu'elle contient une espèce de démonstration que la Jurisprudence est ou doit être la plus facile de toutes les sciences , comme le pensoit Papinien. En ce sens elle est la même que la morale qui se trouve naturellement à portée de l'universalité des esprits , puisque les élémens en sont dans le cœur de tout être raisonnable.

Mais comment l'ensemble d'un Code doit-il être juste envers tous les sujets ?

CHAPITRE,

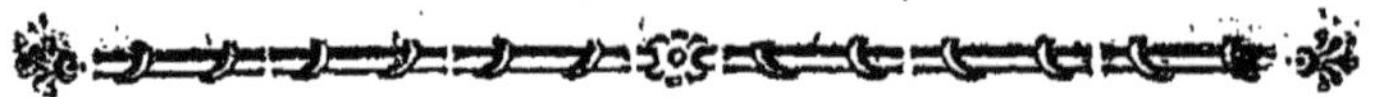

CHAPITRE II.

De l'importance qu'il y a de mettre tous les Citoyens à portée de s'instruire des Lois.

Cette importance n'a pas besoin d'être prouvée, ou a été déjà prouvée suffisamment : elle est reconnue par l'émission même du nouveau Code en langue nationale. De là découle la conséquence nécessaire que le Code civil doit être le plus bref possible, soit dans le nombre des lois qu'il contient, soit dans leur forme de rédaction. Peu importe le problême à résoudre des limites précises de cette rédaction ; car elles sont proportionnelles à l'état de civilisation. Exclure la masse des citoyens lettrés d'une suffisante facilité de connoître les lois qui les gouvernent, seroit la plus grande injustice que

le Gouvernement pût commettre. On l'a bien
senti en France : l'intention de s'en préserver
a été bien formelle. Est-on parvenu assez
à satisfaire cette intention ?

CHAPITRE III.

*Des Lumières qui doivent être répandues parti-
culièrement dans la Classe des hommes de Loi.*

Un vaste État civilisé présente plus de
complication de droits et de transactions
sociales , qu'un peuple nouveau circonscrit
dans d'étroites limites ; par conséquent les
Ministres de la Justice y sont principalement
appelés à une étude particulière de morale ,
qu'on pourroit appeler morale judiciaire ,
quoiqu'elle ne soit que l'application de la
véritable morale universelle. Parmi ces Ministres , il faut comprendre les Avocats ou

Défenseurs, qui, investis d'une confiance publique, doivent exposer devant les Tribunaux les motifs propres à militer pour des citoyens qui ne peuvent les faire valoir eux-mêmes. Ce seroit bien simplifier les études de ces hommes de loi, après les avoir pénétrés de l'esprit des lois positives, que de ne les faire consister qu'à leur former une dialectique lumineuse, et à les abreuver, pour ainsi dire, de morale, de justice et de probité.

J'avois assez démontré dans le premier volume du précédent ouvrage sous ce titre; comment il faut puiser les connoissances du Droit, plutôt dans les discussions des philosophes, que dans les commentaires des Jurisconsultes, d'où s'ensuivoit la nécessité de changer totalement les Ecoles de Droit, telles qu'elles étoient organisées avant la révolution : le motif en étoit évident; car on conviendra que toute la jurisprudence se compose d'aphorismes de raison, ou de lois positives dont il faut saisir la juste intelligence, par rapport aux vues de politique ou d'équité qui les ont fait adopter. Nous verrons ci-après si on a suffisamment rempli cette indication.

CHAPITRE IV.

Corollaire des trois Chapitres précédens.

SUPPOSONS que la rédaction du Code civil n'excède pas les bornes qui lui conviennent, qu'elle ne comporte par conséquent rien de superflu, mais qu'à côté de la sanction donnée à ce Code, on reconnoisse se trouver dans le besoin d'établir des Ecoles de Droit, dont le principal objet soit d'instruire les élèves des principes ou des décisions du Droit romain. Sans doute on devra croire que ce n'est là que l'étude de la raison écrite ; mais il ne s'en ensuivra pas moins nécessairement que les Avocats, dans leurs subtiles discussions ou de longues consultations , que les Tribunaux , en l'absence d'une loi posi-tive trouvée dans le nouveau Code , se conformeront à cette prétendue raison écrite. Bientôt la jurisprudence des Cours souverai-nes , supplément naturel du Code , érigera ces maximes de raison en espèces de lois , quoiqu'il reste en leur puissance de s'y dé-rober , suivant les circonstances des causes qui leur sont soumises. Jusques-là le plan législatif adopté ne seroit point absolument défectueux , parce qu'il ne renferme nul obstacle à ce que de bons jugemens soient rendus.

Cependant falloit-il encore étudier le Droit romain ? du moins ne falloit-il pas claire-ment circonscrire la manière dont on en présenteroit l'étude ? voilà ma question.

Qui , plus que moi, a vanté le Droit ro-main , a indiqué les sources pures où il a été puisé , a senti la nécessité d'y choisir presqu'en totalité ce qui doit composer par tout un nouveau Code ? Mais ce choix ayant été bien fait et une fois épuisé , je me serois bien gardé d'accabler les étudians du souci d'apprendre les Pandectes et tant de commentaires vains et subtils qui paroissent en être souvent inséparables. Du moins j'aurois tracé des limites bien précises aux Professeurs du Droit romain.

Dans le besoin de simplifier les études , il ne convient nullement d'enter Code sur Code. Plus la science du Droit devient ardue , plus le sanctuaire des lois devient inaccessible à la masse des citoyens ; plus on les soumet à la nécessité de recourir à des juristes ; plus on rend pénible le malheur des procès ; plus les questions inextricables se multiplient ; plus ce sentiment d'équité et de morale qu'il importe tant de propager tend à se dénaturer ; plus l'agriculteur, l'ouvrier , l'homme de la nature , si respectable par les services qu'il rend à la société , paie chèrement l'embarras de sa simplicité , en étant livré à la merci des hommes de loi susceptibles d'abuser d'une science qui devient facilement chicane.

CHAPITRE V.

De la distinction des Loix naturelles d'équité ou de raison universelle, d'avec les Loix positives ou arbitraires.

———

J'INSISTE encore sur cette distinction ou séparation d'autant plus essentielle qu'elle suffiroit à simplifier les Codes ou les études de jurisprudence. Je donnois pour motif que l'interprétation des lois naturelles appartient à tout être pensant, et qu'il est superflu de les délayer dans des explications législatives , tandis que pour les autres il faut s'attacher à l'intention du Législateur.

Lorsque Tribonien avec ses coopérateurs se fut livré à réduire sous divers titres des Pandectes ou du Code romain les lois Impériales et les décisions respectées des anciens philosophes juristes , il reconnut combien son ouvrage étoit brut , par l'interjection presque pêle et mêle de détails trop multipliés. Il fallut s'occuper du travail précieux des règles de Droit générales *de diversis regulis juris.* Ceci a été le phare des Jurisconsultes , sans lequel ils eussent demeuré dans un dédale inextricable , le phare des meilleurs commentateurs. C'est là même que Godefroi , Domat , Heineccius , Pothier et d'autres ont puisé l'idée d'en venir à présenter les lois romaines dans l'ordre qui leur convenoit pour fournir des modèles aux futurs Législateurs. Mais en fournissant ces modèles , ils n'ont pas dispensé de comprendre des règles générales de Droit dans les Codes , encore moins de distinguer les lois de raison universelle d'avec celles qui sont purement positives.

La même nécessité d'abréger le Code indiquoit de séparer aussi les lois purement réglementaires ou de détails formulaires d'avec les lois civiles proprement dites. Celles-ci peuvent appartenir à l'univers , et les rédacteurs du Code Justinien se sont

bien gardés d'y comprendre les autres.
D'où vient que ceux du Code français en
ont laissé quelquefois encombrer leur rédaction ?

CHAPITRE VI.

Du Lien qui unit les Loix positives à celles d'équité universelle.

—————

POUR être toujours conséquent dans ma
thèse sur la briéveté importante des Codes,
je ne saurois me refuser à la répétition
de ce principe législatif : *plus les lois positives rentreront dans la classe des lois naturelles ou se rapprocheront d'elles , plus
elles seront parfaites.* Comme j'ai fourni
ailleurs la démonstration de ce principe,
je m'en dispense quant à présent.

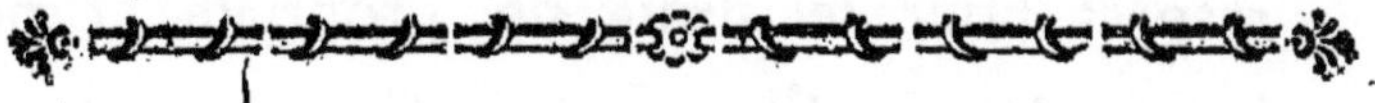

CHAPITRE VII.

Des Lois Superflues.

EN reconnoissant précédemment l'utilité qu'il y a de tracer aux Juges, à tous les hommes de loi les règles de raison universelle, ou plutôt les règles générales de Droit que l'équité naturelle sait ensuite appliquer aux divers cas , j'ai entendu qu'il falloit se préserver d'un excès de briéveté dans la législation , et il n'est nullement superflu de diriger la marche des Ministres de la justice. Nous devons aussi regarder comme infiniment essentiel que le législateur recommande le règne d'une sainte morale , le respect dû à la puissance paternelle , aux liens du mariage , aux dernières dispositions d'un citoyen , à la bonne foi des transactions ; ce qui contient le respect pour le droit de propriété et pour la dignité de l'homme social. Mais j'ai attaqué toute superfluité dans les rédactions de Code comme étant très-dangereuse. A cet égard, j'ai dû adopter la maxime suivante pour règle philosophique de rédaction, savoir : *plus on cherche dans une législation à prévoir tous les cas particuliers, moins on prévoit réellement le plus grand nombre de ces cas. En même temps, plus les Juges se trouvent embarrassés dans la décision des cas qui n'ont pas été prévus.* En preuve de cette maxime je disois, en 1789, que dans l'édifice de la législation, et même dans toute machine politique, toute complication inutile s'opposoit à sa perfection, mieux encore qu'en mécanique. » Les lois naturelles gravées » dans tous les cœurs suppléent au silence » de l'homme législateur. Au contraire » toutes les lois superflues sont funestes, » quoiqu'elles ne paroissent point vicieuses » au premier coup d'œil ; plus on cherche » à prévoir dans le détail la généralité des » cas particuliers, moins on les prévoit

» réellement. La raison en est que le
» nombre des cas particuliers est illimité,
» tandis que les lois les plus multipliées
» ont nécessairement des bornes. Régler
» l'infini par le fini est une chimère «.

Le Chapitre qui suit prouvera encore le danger des superfluités. L'extrême sévérité à les élaguer présente un moyen si facile et si puissant de perfectionnement de Code, que je ne saurois le rappeler avec trop d'insistence.

CHAPITRE VIII.

De l'unité, la Simplicité et l'assortiment des Lois.

LE classement des matières dans un bel ordre, qui apporte tant de netteté et de facilité dans toutes les sciences, prouve par cet avantage même, et par une espèce d'argument *à posteriori*, qu'une infinité d'idées accessoires et particulières découlent d'un petit nombre d'idées mères qui se rapportent elles-mêmes à un centre d'unité. Donc à mesure qu'on s'éloigne de la source, ces idées se multiplient ou leur application varie davantage, et les divisions principales sont toujours en moindre nombre à raison de leur plus grande proximité du point central. Cette théorie sensible est connue de tous. Pourquoi ne seroit-elle pas applicable à la jurisprudence? La nécessité de cette application entraîne celle de supprimer toute loi qui seroit superflue, et qui par là même porteroit à faux dans l'intention que le Législateur a toujours d'être juste envers tous.

Il en est des Codes comme des démonstrations d'un système scientifique quelconque. Il faut que toutes les parties de l'édifice soient liées intimement et se soutiennent les unes par les autres. Les rélations du Code criminel avec le civil, le judiciaire, le commercial, même le politique , sont telles qu'ils devroient tous partir de la même conception. On peut bien y travailler à pièces rapportées ; mais il faut auparavant établir les bases , et convenir des points principaux sans lesquels ces pièces n'auroient point d'assortiment entre elles. Il y a des bases principales qui dérivent de la connoissance claire du Gouvernement reçu. Peut-être les rédacteurs du nouveau Code français ont - ils conservé quelques déférences pour les idées propres à une forme de Gouvernement mal assise dans les oscillations révolutionnaires précédentes , et dont il ne devoit plus être question lorsque le Gouvernement a été fixé.

Heureusement nous n'avons plus besoin de prêcher en France le besoin de l'uniformité des lois. L'institution même d'un Tribunal suprême régulateur de la jurisprudence sur les points non assez définis par le Code , est un juste hommage rendu à l'avantage de cette uniformité. Mais les variations des opinions qui ont prévalu dans ce Tribunal , tantôt dans un sens , tantôt dans l'autre, indiquent les limites que le Législateur ne peut espérer de franchir utilement.

Il est une règle infaillible de législation dont l'oubli a trop souvent causé mille maux dans l'ordre social, et je ne pense pas m'être abusé en estimant que mes méditations sur les matières législatives, en m'amenant à l'ériger en maxime, m'avoient procuré une espèce de conquête. La règle consiste à n'admettre aucune loi positive qui ne soit d'une nécessité absolue, indispensable pour le bien public. En d'autres termes » *Toute loi qui n'est point évidem-* » *ment nécessaire est mauvaise par cela seul* » *qu'elle n'est point nécessaire* «.

Législateurs, prenez-y bien garde, armez-vous de ce fer tranchant, et ne laissez rien d'inutile dans l'arbre politique dont les sucs précieux doivent être soigneusement distribués. Il est indubitable que toute invention, en fait de Droit positif, emporte une foule de règles accessoires, de combinaisons à prévoir, moins faciles à juger

que les questions qui se résolvent par le bon
sens ou l'équité universelle. L'évidence de
cette vérité est bien sensible. En effet,
quand on a supprimé les substitutions, on
a tari la source d'une infinité de procès
auxquels elles donnoient lieu. L'avantage a
été plus grand dans la suppression des
droits féodaux. Si le papier - monnoie n'eût
été jeté dans la circulation, que de lois et
de procès on auroit évité ! C'est dans
ce sens que je disois que l'admission du
divorce , le droit de communauté légale
occasionnoient des lois et des procès dont
on pourroit dispenser les sujets de l'Empire.
C'est par ce motif que j'avois cru présenter
un systême hypothécaire si simple , qu'il épargnoit mille contestations nécessairement attachées à celui de la spécialité de l'hypothèque , qu'on a pourtant assez longtemps
réfléchi et tâtonné sans éluder certains cas
où l'équité en est blessée. Des coopérateurs
distingués du Code français en sont convenus.
Supprimez la matière des discordes, la dis-
corde cesse. L'argument peut-il être plus clair ?

CHAPITRE

CHAPITRE IX.

Des inconvéniens du Droit positif.

———

A L'APPUI de mes précédentes observations, qu'il me soit permis de retracer quelques lignes de celles que j'avois émises en l'an 9, sur le projet de Code civil, en ces termes.

» Après avoir établi que, dans une rédaction de Code civil, la plûpart des cas particuliers ne doivent presque être déterminés qu'en forme d'exemples propres à donner la véritable intelligence d'une loi générale, j'ai dû conclure que, par les lois qui résolvent des hypothèses particulières, les Tribunaux ne doivent point cesser d'être arbitres d'équité dans les cas non prévus, indépendamment de toute gêne que les lois explicatives semblent introduire. Il faut donc porter une singulière attention à ne point introduire cette gêne , parce qu'il s'en ensuivroit même l'altération de la règle générale. Ce n'est que dans le Droit positif qu'il est nécessaire de multiplier les détails régulateurs , si on peut s'exprimer ainsi , et cette nécessité seule annonce que tout Droit positif est un peu défectueux en soi. Disons plutôt que la loi positive étant le remède à des maux dérivans de la corruption de la société , il n'est point étonnant que ce remède emporte avec soi quelque chose de pénible : or comme tout remède est nuisible quand il n'est point absolument nécessaire , il doit être exclu soigneusement hors le cas de nécessité.......

» Nous n'avons pu nous dissimuler l'inconvénient attaché à ce Droit positif, qui semble être comme nécessairement défectueux par lui-même : savoir , que le besoin d'explications ultérieures entasse difficultés sur difficultés ; au contraire ces explications n'étant point nécessaires dans la partie de la Législation qui est fondée sur le droit naturel de raison , toutes les fois que le Législateur

s'attache à régler la décision des cas particuliers, il entreprend, par cette espèce de
morcellement, sur l'intégrité de la loi, qui
n'est bonne qu'en tant qu'elle est simple et
générale. Les anciens Juristes avoient très-
bien aperçu cette distinction (notez la différence remarquable qui se trouve ici entre
le Code Français et l'ancien Code Romain).
Lorsque les *Ulpien*, les *Papinien* ont voulu
envisager des cas particuliers, ils ont limita-
tivement fixé ces cas particuliers dans l'hy-
pothèse où *Titius* ou *Sempronius* feroient telle
ou telle chose. Leurs décisions ainsi limitées
n'ont pu que servir d'exemple dans des cas
parfaitement semblables, ou à faire connoître
l'esprit de la loi générale. Ainsi leurs opinions
sur les espèces, ne tendoient qu'à mieux
éclaircir le sens de la loi qu'on laissoit subsister en termes généraux ; ce qui est bien
différent d'avec le Législateur qui aborde diverses suppositions de cas particuliers, pour
établir une règle explicative qui soit fixe et
péremptoire...... >

» Lorsqu'en 1776, je parlois des embarras

occasionnés par les commentaires , je citois ces mots du bon *Montaigne* : *Nous doubtions sur Ulpian , nous redoubtons sur Bartolus et Baldus.* Or le même embarras qui naît des commentaires , qu'on n'est *point obligé* de suivre , peut se rencontrer à plus forte raison à la suite des commentaires munis de l'autorité législative «.

» Si la fixité affectée dans le détail des lois positives fournit un moyen d'uniformité dans la Jurisprudence des Tribunaux , et sert de guide à la raison des Juges , elle présente d'un autre côté le grave inconvénient de multiplier les embarras de ces mêmes Juges , lorsque, dans des cas particuliers , leur sens d'équité résiste à ces lois explicatives. Ainsi donc le Législateur auroit fait le contraire de ce qu'il a voulu faire «.

CHAPITRE X.

Encore de la briéveté du Code.

———

On auroit tort de m'imputer trop d'exagération systématique , en ce que j'insiste sur la nécessité de réduire le Code dans le cercle le plus étroit possible. J'avois annoncé , dès long - temps , qu'il falloit le composer d'un choix de lois romaines , d'où on élagueroit avec soin tout ce qu'il y a d'inutile , et où l'on rectifieroit quelques dispositions pour les accommoder au Gouvernement reçu. Ce cercle le plus étroit , dont j'avois offert un essai à l'Assemblée constituante , fournissoit néanmoins cent cinquante pages d'impression susceptibles d'assez d'additions. J'aurois pu me référer à une espèce de modèle propre à donner quelques développemens de plus dans la matière des obligations à un écrit publié depuis trente ans (*), où j'avois tenté ce que nos rédacteurs ont maintenant exécuté sans doute avec plus de succès, savoir, l'analyse du travail de Domat et de Pothier. Mon sujet comportoit alors de ne m'écarter en rien du Droit romain, et ces rédacteurs ont dû tendre à l'amélioration de ce Droit. Je me plaîs à reconnoître le mérite de leur rédaction, excepté pour quelques articles qui me paroissent pouvoir être contestés. Je n'ai donc pas voulu qu'on usât d'un laconisme trop sec.

M'en accuseroit-on parce que dans notre position, avant l'an 8, je m'étois exercé à un petit essai sur l'art de la législation, où je m'amusois à montrer la possibilité de s'en tenir au décalogue, par une espèce de jeu d'esprit, où même, me référant à un choix de lois romaines que je supposois

---

(*) Principes du Droit civil romain.

suffisamment connues des hommes instruits ,
je réduisois la législation civile purement
nécessaire dans deux pages ? Ce n'est point
par des argumens pareils qu'on me con-
vaincroit d'abus du système de briéveté.
J'ajoute seulement ici une observation : n'est-
il pas vrai que si nous interrogeons les hommes étrangers aux études de jurisprudence,
mais d'un sens droit, d'un esprit équitable ,
sur des cas qui se présentent journellement
à juger , ils décideront d'équité d'une manière absolument conforme à tous les principes de Droit romain ? Il n'en faut pas
davantage pour prouver que c'est à pure
perte et gratuitement qu'on s'étend à trop
de dispositions positives , en ce qui appartient à la jurisprudence universelle. Quant
au Droit purement positif, j'ai assez indiqué
combien il falloit être sobre à l'introduire.

CHAPITRE XI,

Légères observations sur le Code criminel, et le lien qui l'unit au Code civil.

———

JE ne retracerai point les vues que j'avois tracées, en 1789, sur l'amélioration des lois criminelles. Les élémens simples de cette législation consistent en ce qu'il soit positivement prononcé 1.º sur les formalités des procédures criminelles établies de manière qu'elles assurent aux accusés innocens les moyens de leur justification, et empêchent que les coupables n'évitent une punition exemplaire ; 2.º sur les degrés de preuve que la loi exige, pour qu'un accusé soit tenu pour convaincu ; 3.º sur le genre de punition attaché à chaque genre de délit ; car c'est une chimère de prétendre varier autant les peines comme les espèces de délits peuvent être variées.

Je ne répéterai pas non plus les observations par lesquelles je m'élevois dès-lors contre l'institution du Jury en France. L'expérience n'a que trop démontré combien l'acquittement d'un prévenu, par trois suffrages sur douze , a été une invention d'une espèce de brevet usuel d'impunité. Je n'ai pas compris comment, après une telle expérience, on a pu proposer dans le dernier projet de Code criminel , d'établir qu'il faudroit unanimité de suffrages pour une condamnation.

Il suffit de dire qu'étant revenus au Gouvernement qui convenoit à la France , celui d'un seul , il n'étoit pas indifférent d'user des richesses acquises par l'expérience du régime qui a précédé la révolution. Ainsi peut-être devoit-on se réduire à améliorer l'ordonnance de 1670 , par de légères modifications. Il est néanmoins très - important de conserver la publicité des débats qui est la meilleure garantie des bons jugemens.

Ici se rattachent des vues sur l'organisation judiciaire, pour l'établissement d'une espèce d'*alternat* entre les Juges au civil et au criminel, pour que ceux-ci ne contractent pas, si je puis m'exprimer ainsi, une *accoutumance de criminalité.* La dureté de cœur qu'une telle accoutumance peut produire me paroît dangereuse. Quelque inexorable que doive être la justice, il est un sens sous lequel elle ne seroit point justice, si elle demeuroit tout-à-fait étrangère aux sentimens d'humanité.

Bornons-nous maintenant à des aperçus rapides sur les rapports entre elles, des lois civiles et criminelles que les Législateurs romains avoient cru devoir mêler dans le même Code. Tout manque de bonne foi que le Code civil punit par la réparation de certains dommages, semble tenir de près à l'inspection des juges criminels. La protection due aux enfans, aux femmes, aux mineurs, rend plus punissable la mauvaise foi exercée contre eux. C'est encore en proportion de ce qu'un Code civil détermine qu'un objet sera plus ou moins sacré , que la connoissance de la violation qui auroit été commise rentrera ou non dans le ressort des Tribunaux criminels ; là même où le Code aura accordé plus de confiance , plus il faudra punir l'abus de cette confiance : telle est la matière des dépôts , la soustraction des deniers pupillaires , etc. Par exemple , un Code qui exclurroit l'adition d'un héritier seul , en appelant à l'immixtion d'hérédité plusieurs concurrens , expose cette hérédité à une expilation qui peut paroître plus ou moins criminelle , selon le plus ou moins de confiance à laquelle le Législateur se sera livré.

CHAPITRE XII.

De la Simplicité des formes Judiciaires , et de l'excès de dépense que ces formes compliquées occasionnent.

JE ne dois m'occuper ici que de considérations générales sur le nouveau Code judiciaire qui vient d'être émis comme un appendice au Code civil, par où on a reconnu la liaison de celui-ci à l'autre. Mais si l'avantage du classement des matières justifie la séparation de ces deux Codes, en quoi on s'est rapproché des instituts de Justinien, où on s'étoit occupé séparément des actions, nous avons à re-marquer des différences frappantes entre l'état de choses où nous nous trouvons a-menés, et celui qui suivit la publication des Pandectes et du Code Justinien. Alors on se bornoit à désigner les actions résultantes de tel ou tel titre, ou tel contrat ; ce qui tenoit de près, ou méritoit d'être confondu avec les matières d'un Code civil ; mais on affecta de supprimer les formules qui pesoient tant sur les plaideurs. Quant à nous, si ce ne sont précisément des formules, c'est un règlement de procédure judiciaire que nous avons étendu dans un espace équivalent à celui du Code civil même, sans compter ce que le Code civil contient déjà d'articles qui pourroient être rejetés dans ce règlement. Est-ce là une richesse dont nous puissions nous glorifier, et dont les Romains avoient voulu se priver ? Il sera sans doute permis d'élever quelques doutes à cet égard. Toutefois je puis rapporter qu'ayant fréquenté les Jurisconsultes d'Italie avant la révolution, comme je vantois l'adage dont les Juristes français font un grand cas, savoir : *la rigueur des formes est essentiellement protectrice du Droit de propriété ;* comme je vantois le précieux travail que des hommes profonds avoient mis dans l'Ordonnance de 1667, on me répondoit que c'étoit un système de législation gauloise que celui où la forme emporte si souvent le fonds. Ces Italiens ne vouloient reconnoître que trois nullités insanables, parce qu'elles vicieroient la substance du jugement, savoir : le défaut de jurisdiction, de citation ou de mandat ; mais ils ne fesoient nul cas de celles qui appartiendroient aux actes par lesquels on *ourdit la toile judiciaire*, à moins qu'il n'en résultât une lésion grave.

Ce système d'équité dont les Tribunaux doivent empêcher l'abus seroit peut-être préférable à une attention minutieuse du Législateur pour toutes les formes à suivre, sous peine de nullité.

Sans doute en tout pays faut-il qu'il y ait des délais fixes d'assignation ou pour donner défenses ; mais moins on prescrit de formes, plus la procédure est nécessairement simplifiée ; ce qui importe grandement pour empêcher la ruine des plaideurs. Ici, comme en toute matière de législation, il faut appliquer la règle qui sert de pierre de touche pour reconnoître la bonté de l'article réglementaire, savoir : Peut-on se passer de cette forme ? Est-elle absolument nécessaire ? Dans ce cas uniquement elle est admissible.

Muni de cette règle sévère, je crois bien qu'on auroit beaucoup à retrancher du nouveau Code judiciaire. Par exemple, je laisse aux praticiens à indiquer comment la procédure des criées usitées en certains pays étoit préférable à celle du châtelet, etc. etc. Les formes trop dispendieuses pour une vente judiciaire d'immeuble ne sont-elles pas désespérantes pour un créancier de somme modique, et accablantes pour le débiteur ?

A la vérité, en grossissant le nouveau Code judiciaire de plus d'articles que l'Ordonnance de 1667 n'en comportoit, on a été guidé par le motif plausible de rendre uniformes certains points de pratique que les divers Parlemens entendoient différemment ; et on a converti en lois des opinions de commentateurs tels que Bornier, Rodier ou Jousse ; mais on n'a pas prévu qu'en multipliant ainsi les articles, on n'atteindra jamais tous les cas possibles. L'exubérance du nombre d'articles règlementaires , ainsi que toute complication de procédure est une source de dépenses qui aggrave le malheur des procès. L'analyse est toujours plus difficile , même au Législateur, que l'amplification.

Dirai-je encore qu'il est bien nuisible au commerce, à l'agriculture, et même à la sécurité de la propriété , que les dépens judiciaires aient été fortement accrus au profit du fisc ? Il est si facile à un Gouvernement ferme de se faire obéir ! La théorie de l'impôt dont je m'étois rapidement occupé en traitant de la rédaction des lois dans les monarchies, répose d'une manière si assurée sur la simple communication donnée aux sujets des besoins réels du Gouvernement, qu'on auroit mau_vaise grace de contester qu'il ne puisse franchement choisir les objets sur lesquels l'impôt doit peser. Il ne s'agit que d'examiner si le revenu public perçu sur la durée des procès, sur la multiplicité des procédures, sur la cherté des papiers judiciaires n'est pas le plus ruineux de tous, le plus déses_pérant, le plus incompatible avec les prin_cipes d'une véritable justice distributive. Si en l'examinant, la chose paroit ainsi démon_trée, ne suffira-t-il pas d'en dénoncer les inconvéniens au plus puissant comme au plus grand des Princes qui se soit montré à la tête d'un Empire depuis tant de siècles ?

CHAPITRE

CHAPITRE XIII.

Des Commentaires.

D'où vient qu'en rédigeant un nouveau Code en France, on n'a pas imité les rédacteurs du temps de Justinien, qui, pour empêcher que la jurisprudence ne retombât dans le même chaos d'où ils l'avoient retirée, prohibèrent sévèrement tout Commentaire à l'avenir ? *Leg.* 1. § 12. *Cod. de veter. Jur. enucleand.* Auroit-on reconnu le vrai besoin de ces Commentaires ? et un des rédacteurs éclairés, M. Malleville, quoique se renfermant dans le cercle le plus étroit d'une analyse en quatre volumes, auroit-il donné un exemple nécessaire ? Bien plus, en assujetissant les Etudians en Droit à se pénétrer du Droit romain, n'auroit-on pas indiqué l'utilité

4

des Commentaires précédens , sans compter les Commentaires à venir ? car il ne faut pas se dissimuler la facile verbosité qui tient plus spécialement à l'état des hommes de loi. Je serai le premier à proclamer sur les toits le service prodigieux que le Gouvernement a rendu à la France , par l'heureuse uniformité des lois qu'il y a établie. Ce bienfait est assurément inappréciable ; mais craignons que la facilité , ou , si l'on veut , la nécessité des Commentaires ne nous enlève une bonne part des fruits réels d'un tel bienfait.

On accuse quelquefois avec raison les Tractatistes , les Commentateurs et même les Avocats rédacteurs de mémoires d'une espèce de charlatanisme qui consiste dans un appareil scientifique d'abondantes citations. Mais si pour examiner le véritable sens d'une loi , pour en appliquer aux circonstances les termes douteux , on est obligé de recourir à l'historique de la jurisprudence sur la matière dont il s'agit , s'il faut remonter aux Ordonnances des anciens Rois de France , et puis aux Romains, et puis aux Grecs, et peut-être aux

Égyptiens ; alors nous excuserons cette surabondance d'érudition. Quel ouvrage, mieux que celui - ci, devroit offrir beaucoup de recherches sur l'origine et les progrès des lois ? Mais j'ai assez rempli cette tâche ailleurs, et pressé d'arriver au but, je ne veux d'autre flambeau que celui de la raison.

CHAPITRE XIV.

De la Différence du Jurisconsulte d'avec le Législateur.

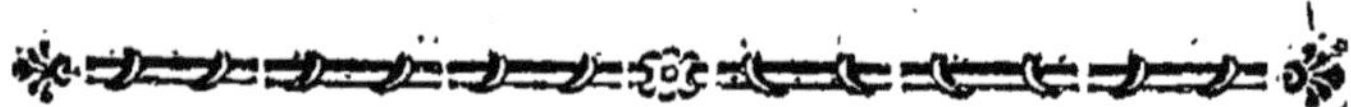

QUOIQUE cette différence soit assez connue, il convient de la rappeler, ne fut - ce qu'en preuve accessoire de ce qui est dit au précédent Chapitre.

Maintenant il est essentiel que le Législateur soit très-versé dans la jurisprudence, puisqu'elle offre tant de moyens de comparer les raisons d'équité pesées dans telle ou telle loi , tel ou tel livre de Juriste justement renommé. Mais il est aussi bien essentiel que le Législateur soit autre chose que Jurisconsulte , c'est-à-dire , s'élève au-dessus des vues qui circonscrivent le Jurisconsulte : ainsi un rédacteur ou commentateur de Code , qui ne seroit que Jurisconsulte , dira avec beaucoup d'érudition que la loi nouvelle est copiée de la loi ancienne , ou modifiée d'après la jurisprudence d'un tel, pays qui a paru préférable , ou conforme à l'opinion d'un tel auteur cité à cause de sa célébrité. Le Législateur au contraire , négligeant toute espèce d'érudition , même l'exposition des principes de jurisprudence qu'il supposera reposant dans le cœur de tout homme raisonnable , ou dans les théories des auteurs de livres de Droit , posera les règles de l'état des personnes , des ordres de successions *ab intestat* , déterminera les facultés de tester ou de donner entre vifs , les formes des contrats , les résultats des diverses obligations , tracera les limites des servitudes et des prescriptions , aidera

surtout par la précision et la netteté de ses lois,
chaque citoyen à l'application des principes
de jurisprudence naturelle , formera en quelque sorte un peuple d'hommes facilement
Jurisconsultes , dans le sens où cette science
ne doit point être abstruse , laissant d'ailleurs agir le talent particulier des Orateurs
qui auront à s'exercer dans le barreau. Il
se gardera principalement d'offrir dans sa
rédaction de lois nouvelles la nécessité de
compulser les lois anciennes , et les anciens
auteurs pour l'intelligence des lois nouvelles ;
nécessité qui entraîne de nouveaux commentaires , surcharge accablante pour les
étudians. Il préservera ainsi l'état social d'un
fléau pire que celui des impositions les plus
dévorantes , du fléau d'une caste de juristes
avides , mais dont la science devenue difficile n'en sera que plus chèrement vendue ,
au préjudice des facilités qu'on doit obtenir
pour le recouvrement des droits légitimes ,
par conséquent au préjudice de la tranquillité des familles , des soins de l'agriculture
et du commerce , même des beaux arts qui

embellissent la vie , enfin au préjudice de
la morale qui en est le plus sûr adoucis-
sement.

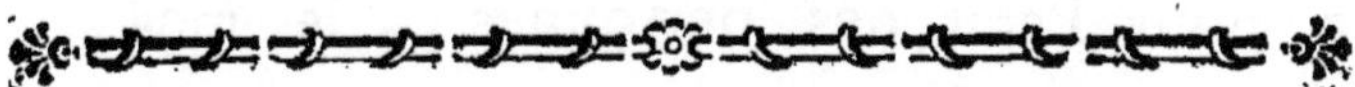

CHAPITRE XV.

*Quelle espéce de philosophie ou de Science
politique les Rédacteurs du Code civil
doivent-ils joindre à leur érudition en Jurisprudence.*

IL est un rapport sous lequel il a semblé
qu'il suffisoit de s'en tenir à la raison universelle , à la philosophie de tous les temps ,
pour rédiger avec succès un nouveau Code ,
et dès-lors de simples Jurisconsultes n'ayant
pour guide qu'une raison saine , n'avoient
qu'à faire un choix de textes dans les législations connues , dans les bons livres de
Jurisprudence , et surtout dans les lois romaines. Mais cela n'a guères pu s'appli-

quer qu'à la matière des contrats , et à celles qu'on a regardées comme dérivant du droit naturel ou droit des gens. Il en est autrement en matière de successions , et même pour l'état des personnes , le mariage ou le divorce , la communauté légale ou le régime dotal , la faveur de certaines prescriptions. Ici , je le répète , le Rédacteur qui ne seroit que Jurisconsulte , ne seroit rien : les lois civiles , comme étant un ressort du Gouvernement , doivent nécessairement s'assortir à l'espèce de Gouvernement sous lequel on vit pour le fortifier , en éloigner les révolutions si désastreuses pour l'humanité. Le législateur a donc besoin d'une grande politique , et ne se bornant pas aux principes de philosophie morale, *Ethices* , peut sacrifier quelques intérêts privés à l'intérêt général de la nation. Cette vérité est si bien reconnue , qu'il seroit superflu d'y insister. Aussi on s'y est conformé dans le nouveau Code français. Mais s'y est-on suffisamment conformé ? Ce point peut être contesté , et les amis du bien public ont à méditer les corrections qu'il conviendra d'adopter dans une révision.

J'ai assez prouvé ailleurs qu'on avoit blessé les notions antiques, où rien n'eût dû être changé sur la capacité qui rend majeur en matière de contrats, pour faire sortir de la minorité à vingt-un ans plutôt qu'à vingt-cinq, et il seroit bien superflu de prouver que dans une monarchie c'étoit bien le moins de s'environner de principes monarchiques.

Il falloit, ce me semble, donner plus de latitude au père de famille dans la faculté de tester, non pour établir un droit positif d'aînesse, mais pour choisir un héritier ou représentant qui pût s'arroger en quelque sorte les droits de chef de famille en place du défunt. La République tend au nivellement des droits et des fortunes. La Monarchie au contraire a besoin d'une hiérarchie dans tous les sens de l'ordre social ; elle en a besoin pour attacher un ascendant de paix à chaque chef de famille, pour qu'à sa mort une espèce d'esprit républicain parmi

les co-successeurs n'amène des troubles domestiques ; elle en a besoin , pour que dans
les familles aisées où l'éducation des enfans
a pû être mieux soignée , tandis qu'il sera
prohibé de faire entr'eux des parts trop dis-
proportionnelles , il en reste néanmoins parmi
ceux-ci d'un peu obligés à s'adonner à l'état
militaire , à mériter dans cet état les faveurs
du Monarque, et faire naturellement une pé-
pinière de bons officiers avant l'entrée dans
les écoles militaires ; elle en a besoin pour
induire une certaine perpétuité de familles
soutenue par la succession des chefs , au
moyen des avantages domestiques qu'il leur
est permis de recueillir. Cette perpétuité même
tient à la consistance de la famille royale,
parce qu'il est toujours des rapports où chaque famille de sujets a cherché à bien mériter du Monarque , par conséquent a pu
contracter un attachement plus particulier
pour sa dynastie.

A peu près les mêmes motifs indiquoient
la convenance de conserver le droit de substituer , réduit à deux dégrès , puisque cette ré-

duction suffisoit à couper les têtes renaissantes de ces hydres de procès que les substitutions étoient propres à engendrer. Mais parce que dans un moment de juste colère révolutionnaire contre l'abus des droits féodaux, on avoit prononcé une abolition absolue de toute substitution, falloit - il , dans un temps plus calme , consacrer encore cette entière abolition ? falloit-il même se dissimuler que tandis que l'on proclamoit la non rétroactivité des lois, on frappoit néanmoins de cette rétroactivité , les actes [de dernière volonté faits sous l'égide des lois précédentes , et les enfans issus de mariages contractés sous la confiance dûe à l'exécution de ces lois?

CHAPITRE XVI.

Des Rites civils.

LE sentiment, cette espèce d'instinct qui qui nous conduit par la sensibilité ou des penchans innés, et surtout se compose d'un mélange d'amour pour l'équité, la morale, ou les devoirs d'un ordre naturel, n'est nullement étranger à la législation, puisque j'ai prouvé ailleurs qu'il domine l'univers mieux que toutes les autres puissances ne sauroient y régner. Le sentiment est plutôt Orateur que Jurisconsulte, et sous ce rapport on pouroit s'en défier ; car une raison calme et démonstrative semble seule en droit de dicter des lois. Mais cette raison même doit compter pour beaucoup le règne du sentiment sur l'humanité. Ce ne sera pas des mains d'un Législateur agreste et dur dont le cœur est refroidi par les glaces d'un climat disgracié qu'il nous convient de recevoir des lois. Ainsi dans un Empire d'une assez grande étendue, quoiqu'il y ait des exceptions à faire en faveur d'êtres privilégiés qui se rencontrent dans chaque Province, même la plus privée des influences d'une douce température de climat, les esprits du midi devront l'emporter sur ceux du nord, parce que la plupart des ouvrages de ceux-ci sont presque sans vie.

Observons aussi que notre nouveau Code a pris naissance à une époque où l'on reprochoit justement aux études et à la philosophie qui éto:ent en règne, sinon un peu trop de matérialisme, du moins une préférence pour les mathématiques, où, calculant tout par le mètre ou la quantité numérique, on avoit grande inclination par cela même à tout niveller, sous le prétexte de l'égalité des droits. Aussi dans ce Code point de formule qui parle aux sens ; insuffisance de soins pour faire respecter la puissance paternelle , le contrat sacré du mariage ; nul motif plausible pour réduire à vingt-un ans l'âge de majorité ; un reste de dureté exercée contre la faculté du testament tant respectée par une Jurisprudence qui honoroit le chef ou père de famille ; une presque insouciance pour les solennités testamentaires.

Assurément une noble simplicité de textes législatifs a son mérite ; mais faut-il oublier les impulsions de sentiment que nous recevons par les rits civils ? Sans doute les Romains avoient porté à l'excès leurs formules symboliques que j'ai précédemment retracées , comme une mythologie trop recherchée avoit pû défigurer le culte divin chez les Grecs , et l'on sait assez que l'imagination effrénée a ses écarts , quoique la poésie en reçoive mille avantages. Etoit-ce donc aussi un écart pareil que le principe portant que le fils étoit la même personne que le père ? oui , c'étoit un écart de la stricte vérité ; mais cet écart étoit heureux et utile. Etoit-ce un écart, du moins , le principe voulant que l'héritier tes-

tamentaire pût être unique , et le chef de
famille a-t-il dû être représenté plus à propos
par une multitude de cohéritiers ? Ceci nous
conduit à l'examen des droits d'aînesse ,
tant combattus , tant baffoués , parce qu'ils
blessoient l'égalité naturelle des enfans. .

Mais abstraction faite du lien politique qui
attire l'établissement si non d'un certain
droit d'aînesse ; du moins d'unique représentation d'héritier dans les Gouvernemens
d'un seul , ne faut-il pas un chef dans toute
corporation ? et y a-t-il de corporation plus
essentielle dans les soins du Législateur que
celle de chaque famille ? y a-t-il de fait beaucoup de familles bien ordonnées là où elle
ne se trouve point assujettie à un chef ? et
lorsque le chef meurt, faut-il exposer le trou-
peau à la dispersion ou à de vives discordes?

Plus on supprime les déférences, plus on
abolit les grades de hiérarchie quelconque ,
plus aussi on prépare le mépris de la vieil-
lesse, du rang, même du talent et de la
vertu, plus on se ramène aux seules différences de fortune , ou même de force na-

turelle qui est la différence constitutive d'entre les brutes, que leur instinct préserve de mille débats ou moyens de querelle propres à l'être raisonnable.

Concluons qu'une révolution très-heureuse dans le Droit français eût été simplement d'abolir les coutumes et tout ramener au Droit romain; qu'une révolution plus heureuse eût été de s'approprier tout ce qu'il y avoit de bon dans le Droit romain, sans en rien distraire uniquement par transaction en faveur des pays coutumiers, sans s'exposer au péril des Commentaires, en supprimant même l'étude des Pandectes et du Code romain qu'on a pourtant conservée dans plus des trois quarts de son étendue. Concluons surtout qu'il falloit, en modérant l'excès de la puissance paternelle établie chez les Romains, en obviant aux inconvéniens des substitutions, en reprimant l'abus du testament, en grossissant seulement un peu plus le droit légitimaire, conserver néanmoins au père de famille la faculté de se substituer après lui un chef.

Il ne falloit pas même négliger ces impressions religieuses qui s'associent avec les effets du Droit civil, laisser le dépôt des actes de naissance et de mariage aux Pasteurs d'un culte sublime qui garantit mieux la tranquillité sociale que les lois civiles ne peuvent l'établir. C'est dans ce sens qu'un écrivain fameux disoit : si Dieu n'existoit pas il faudroit l'inventer. De même si le culte chrétien catholique dominant en France ne reposoit-pas sur des bases solides et sures, il en faudroit proclamer la vérité ; si les philosophes déistes étoient les seuls fondés en raison, il faudroit politiquement les déclarer insensés. Que gagneroit-on à refuser d'admettre le christianisme ? cette religion parle aux sens ; mais elle ne leur parle que pour réprimer les passions et consoler les malheureux. Elle fait ainsi contraste avec le paganisme. La morale trop abstraite perd de sa force ; le Code civil qui est le fort agent de morale dout use un bon Gouvernement, après le respect dû à la religion, doit parler au sentiment.

Les solennités ou rits civils des mariages,
ceux

ceux des testamens tenoient chez les Romains aux idées morales dont ces actes doivent être environnés. Il en étoit de même de ceux de l'émancipation pour désigner le respect dû au pouvoir paternel , et de ceux de l'acte de vente pour consacrer le respect dû à la propriété.

On a trop supposé le règne préexistant de ces idées morales , lorsqu'on a rédigé le Code français ; où l'on a été , pour ainsi parler, trop raisonnable en supprimant des cérémonies qu'on a dédaignées comme pures grimaces. Mais il étoit moins permis de supposer des êtres bons et moraux ; qu'il n'étoit nécessaire de s'efforcer de les rendre tels , même par les moyens qui frappent les sens.

CHAPITRE XVII.

De l'assujettissement du sexe féminin.

N'EST-CE pas seulement la foiblesse physique de ce sexe, qui, dans l'ordre de la nature, l'a soumis au genre masculin ? Ce sexe aimable n'offre-t-il pas des qualités qui le rendroient tout au moins aussi propre que l'autre au gouvernement des affaires ou des familles, puisqu'on reconnoît d'ailleurs que le développement de toutes les facultés est en général plus précoce chez les femmes que chez les hommes ? faudra-t-il leur imputer des foiblesses morales qui tiennent à leur foiblesse physique ? Ce sont-là des questions qu'il seroit oiseux de résoudre, puisque les hommes se sont emparés de fait de la pleine puissance, et puisqu'il est même convenu que cette douce et bienséante pudeur des femmes, où se rattachent tant de moralités, prescrit de les rendre étrangères, autant que possible, aux soins extérieurs d'un ménage bien ordonné.

Mais dans les diverses espèces d'assujettissemens que le beau sexe éprouve, en vertu de toutes les législations, il y a si loin de la Parisienne, qui, bravant les mœurs ou les préjugés, disposoit en Sultane d'un bien paraphernal immense, d'avec la pauvre esclave en Turquie, qu'il s'agissoit de s'arrêter au point précis d'assujettissement des femmes, que la raison, la morale et la civilisation européenne indiquoient.

Le régime dotal établi par le Code romain sembloit fournir cette indication suffisante, et à la différence du Code Français, on y rencontroit ces maximes positives de protection, qu'il faut en général porter assistance aux femmes, les relever facilement de leurs erreurs, résoudre les questions douteuses en faveur de la dot. Ce système dotal, uniquement balancé par la faculté d'avoir des pa-

raphernaux , offroit toute liberté aux stipulations du contrat de mariage , et favorisoit
ainsi cet acte si digne de faveur. L'élévation
de la femme au niveau d'une communauté
ou association de tous profits avec son mari ,
sort en quelque manière des bornes que les
motifs d'assujettissement du sexe désignoient.

Cependant il y avoit un point sur lequel
il étoit convenable de rectifier le Droit romain. J'avois dès long-temps estimé qu'il
falloit emprunter du Droit coutumier la par-
ticipation de la puissance paternelle donnée
à la mère , lorsque le père est mort , pour
l'intérêt des enfans jeunes , et sous le nom
de *Garde maternelle*. J'en avois fait le sujet
d'articles particuliers d'un projet de Code
civil présenté à l'Assemblée constituante.
L'équivalent de ces articles se rencontre dans
le nouveau Code , et peu importe qu'on n'ait
pas employé le mot de *Garde* , distinctif de
celui de *puissance* que j'avois cru devoir réserver au principal chef de la famille. Ainsi
on a vraiment amélioré cette partie de jurisprudence , en rendant au sexe féminin et à

la dignité maternelle un droit que la nature , la raison et les convenances lui attribuoient.

A côté de cet acte de justice rendu aux femmes , je trouve un contraste bien frappant dans leur assujettissement plus fort que jamais à l'autorité maritale , en ce que la femme non commune et séparée de biens ne peut arbitrairement et seule disposer d'un bien paraphernal. Il est donc prohibé aux femmes de stipuler , en se mariant , qu'elles seront absolues maîtresses de tel ou tel bien réservé ! quelle est la cause de cette interdiction de la liberté des contrats , liberté sans laquelle il est possible qu'une femme refuse de subir le joug conjugal ? Quel en est le profit pour les mœurs ? Est-il donc bien évident qu'une femme qui peut tout après la mort de son mari , soit communément incapable de pleine administration , et de contracter pendant l'existence de ce mari ? J'ai cherché dans le discours de l'Orateur du Gouvernement qui a proposé la loi sur les obligations , le motif plausible d'un tel article législatif qui résiste au droit commun des contrats , et je n'en ai point trouvé. Les Tribuns qui ont discuté cette loi s'en sont rapportés à l'idée générique adoptée par Pothier sur l'incapacité des femmes mariées. Mais il y avoit à concilier cette incapacité rélative aux biens dotaux , avec la capacité pour les paraphernaux. Je ne sais pourquoi nos Législateurs ont trouvé qu'il y avoit une inconvenance absolue à ce qu'une femme, libre en ses biens, pût ester en jugement sans l'autorisation de son mari. Une fois qu'ils ont eu prononcé dans tous les cas la dépendance de la femme, même en dépit de conventions matrimoniales expresses , il n'est pas étonnant que d'un tel principe soient dérivées des conséquences embarrassantes. Ce principe a été le plus fort argument pour soutenir qu'il avoit fallu adopter la communauté légale pour droit commun de tous les Français qui se marieroient sans contrat. Je veux qu'une telle conséquence ait dû suivre le principe ; mais je dirai que ni la conséquence ne justifie le principe, ni le principe ne peut faire l'éloge de la conséquence.

CHAPITRE XVIII.

Des privilèges des Dons faits entre Epoux.

Dans le système du Droit romain sur les donations ou testamens, comme la latitude des facultés du testateur étoit assez grande, il suffisoit que la liberté de tester pût être exercée aussi facilement entre époux comme vis-à-vis d'étrangers. Il suffisoit d'avoir réduit les donations d'un époux à l'autre, *pendente matrimonio*, à ne valoir que comme testa-mens. Il suffisoit enfin d'avoir resserré le droit d'user des dons reçus en contrat de mariage dans le cas où celui qui les auroit reçus convoleroit en secondes noces. Dans ce système, la faveur des héritiers testa-mentaires l'emportoit sur celle due aux hé-ritiers *ab intestat.*

La révolution française a transporté sur
ce point la jurisprudence dans un sens contraire. La cause *ab intestat* a été hautement déclarée plus favorable : maxime qui
tient d'assez près au républicanisme. Mais
lorsque le nouveau Code civil est venu
comprimer les idées qui avoient été mises
précédemment en effervescence , on ne nous
a point appris clairement s'il étoit permis
de revenir à l'ancien principe qui donnoit
toute faveur aux dispositions de dernière
volonté.

Quoi qu'il en soit de l'inconvénient d'une
telle réticence , il est remarquable que lors
de l'émission de la loi sur les successions,
de nivôse an 2 , qui bridoit si fortement
les volontés d'un père de famille , on sen-
tit que la déférence due à l'affection conjugale , ou , si l'on veut, la faveur du mariage exigeoit de privilégier les dons entre
époux , et cette loi ou les subséquentes
établirent positivement que ces dons privilégiés auroient lieu cumulativement avec les
autres dons permis.

Après qu'on est revenu à accorder plus d'étendue aux facultés de donner entre vifs ou par testament, qu'a fait le nouveau Code sur les dons entre époux ? il a de même reconnu qu'il falloit les rendre privilégiés, s'en est pour cela occupé dans un Chapitre à part; mais faute de s'être expliqué précisément, il a laissé les Jurisconsultes à se débattre sur le point de savoir si la même cumulative pouvoit ou non être adoptée.

Sans rapporter les motifs allégués de part et d'autre qu'on rencontrera dans maints journaux de Jurisprudence, je dois m'arrêter ici et m'élever aux seules considérations générales qui peuvent frapper sur l'ensemble d'un Code civil. Or, je mets cette différence entre le système d'un Code sur les successions, où il y a un peu d'excès dans la concession de la faculté de disposer, et le système d'un autre Code où le Législateur a strictement posé des limites sévères à cette disponibilité. Dans celui-ci, à la différence de l'autre, il convient d'introduire un Chapitre spécial de privilèges entre époux, relativement à ce qui

peut être donné à cause de mort à l'un
par l'autre. Les égards dus à l'union conjugale dictent cette mesure. Soit qu'un époux
laisse des enfans ou autres descendans , soit
qu'il n'y ait à sa mort que d'autres successeurs , les mêmes égards sont dus à l'époux
survivant dont l'existence avoit été confon-
due avec celle du prémourant.

Le cas principal où il a paru que dans
l'ordre des successions nouvellement établi ,
la cumulative dont il s'agit étoit inapplica-
ble , ou résistoit trop à l'esprit du Code
nouveau , est celui d'un testateur qui ne lais-
seroit qu'un enfant et donneroit à un étranger
la moitié disponible , en léguant l'usufruit
de l'autre moitié à son épouse. Dans ce cas,
a-t-on dit , il est révoltant que l'enfant puisse
se trouver dénué de tout droit légitimaire
pendant la vie de sa mère.

Si le Législateur a eu le tort de ne pas
s'expliquer assez pour éluder cette conséquence , il lui seroit facile de tout concilier
par d'ultérieures explications. Faute qu'on
s'explique davantage dans le cas ci-dessus ,

ou il faudra qu'un étranger ne puisse profiter du legs entier d'une moitié de la
succession dont il s'agit , ou il faudra que
l'épouse survivante soit privée de son entière
moitié d'usufruit , ou enfin il faudra que
l'enfant unique attende la mort de sa mère
pour recueillir la moitié qui lui est réservée,
et ne pourra prétendre que des alimens pendant la vie de cette mère. Le premier de
ces résultats blesseroit la liberté de disposer ,
qu'on est convenu d'accorder ; le second blesseroit des convenances d'une raison bien pres-
sante ; le dernier attaqueroit l'ordre le plus
simple des droits successifs et légitimes.

On ne peut s'empêcher de reconnoître qu'il
a régné la plus haute sagesse dans cette partie du Code français qui règle les droits légitimes de succession. On y a parfaitement
satisfait aux motifs qui prescrivoient de grossir
le droit légitimaire au-delà de la mesure
adoptée par les lois romaines ; mais en admettant l'augmentation de légitime qu'un vœu
général sembloit solliciter , on est tombé
dans l'embarras de cette difficulté qui naît

du choc des droits naturels d'un enfant ,
avec les droits aussi naturels d'un époux
survivant. Cet époux est pourtant père ou
mère de l'enfant qui doit une juste déférence à ceux dont il a reçu le jour ; lequel
doit-il céder dans ce combat de droits res-
pectifs ? n'y auroit-il pas d'assez grands motifs pour suspendre les droits de l'enfant en
faveur des jouissances de celui qui lui a ou-
vert la carrière de la vie , ou l'a précédé
dans cette carrière ? n'est-ce pas assez que
cette suspension se trouve compensée , soit
par l'obligation naturelle où sont les pères
et mères d'entretenir leurs enfans , soit par
l'attribution d'une moitié d'hérédité pour la
légitime , dans le cas où l'ancien Droit romain ne réservoit que le tiers ?

A ces considérations on peut joindre celle
qui veut que dans un État monarchique on
donne toute la latitude possible à la liberté
de tester , exercée par un père de famille
dont le jugement domestique est d'un si
grand poids. Il est ordinaire qu'un père de
plusieurs enfans n'use qu'en faveur de l'un

d'entr'eux de son droit de disponibilité. Les cas où il en transporte l'usage en faveur d'étrangers , à leur préjudice , sont infiniment rares , et, pour ainsi dire , contre nature ; ou supposent quelque démérite bien grave de la part des enfans qu'un père est en droit de punir. Quelle que soit la réserve destinée par la loi aux descendans , quel inconvénient y a-t-il que , soit la portion de biens dont un époux dispose par préciput , soit celle qui est réservée comme droit légitimaire , subissent une retenue de moitié d'usufruit pour l'époux survivant ?

CHAPITRE XIX.

Des Senatusconsultes Velleyen et Macédonien.

En nous occupant précédemment des soins de protection que le Législateur doit au sexe foible , nous avons indirectement critiqué la négligence ou l'oubli d'articles remplaçant le Sénatusconsulte Velleyen qui avoit été incorporé à la collection des lois romaines. Si l'on avoit établi que tous les biens des femmes mariées seroient assujettis au régime dotal, sans doute la prohibition de les aliéner , sauf quelques exceptions particulières, auroit suffi. Si on avoit pu supposer encore que la presque généralité des mariages se rangeroit volontairement sous le régime de communauté conjugale , la nature même de cette association auroit comporté le pouvoir respectif des deux communistes de s'obliger l'un pour l'autre. Mais puisqu'on a permis qu'il existât pour la femme mariée des biens paraphernaux, on n'a certes point réprimé l'abus qu'un mari peut faire de son empire sur elle , en n'opposant pour obstacle à l'aliénation de ces biens que la nécessité d'une autorisation du mari. Donc il falloit adopter des dispositions équipollentés au Sénatusconsulte Velleyen. Cependant un des Rédacteurs du nouveau Code

(*) convient qu'il a été implicitement supprimé , ainsi que le Sénatusconsulte Macédonien.

Il le falloit , parce qu'il est décent de
défendre la vertu des femmes qui pourroient
altérer leur réputation lorsqu'elles s'engagent
pour autrui. Il le falloit , parce qu'un Code
civil est essentiellement protecteur des êtres
foibles , pour les soustraire à toute espèce
d'injustice , même d'un mari. L'œil vigilant
du Législateur doit percer jusques sous les
toits domestiques , et prévoir encore ce qui
peut intéresser de jeunes enfans. Ses soins
pussent-ils devenir inutiles , il est bon de
les trouver exprimés dans son Code. J'avoue
que la liberté qu'on a de disposer d'un bien
paraphernal pour des noms étrangers au
mari , permet des connivences qui trom-
peroient la loi. Mais c'est assez qu'une
loi soit bonne et morale en soi , pour qu'on
ne doive point s'empêcher de l'émettre par

(*) M. Malleville , dans son Analyse , tome 4.

le seul motif qu'elle peut être trompée ; et en ce cas, le Code civil doit offrir le caractère de leçons ou Code de morale.

Les mêmes motifs militoient pour le Sénatusconsulte Macédonien. L'esprit dans lequel il avoit été conçu chez les Romains où la puissance paternelle duroit autant que le père, étoit de la plus grande moralité. Il s'agissoit de prévenir les débauches, les dissipations, la licence de la jeunesse, de comprimer les facilités qu'y donnoient de vils usuriers ; il s'agissoit d'épargner à un père la douleur de voir renverser de son vivant, la fortune qu'il avoit, pour ainsi parler, suée pour son fils. Chez nous, il a paru que la puissance paternelle devoit cesser plus à bonne heure, qu'il ne falloit poser aucune limite précise aux prêts à usure. On me dispensera de réflexions là-dessus ; mais on pensera que nous avons besoin d'en venir à quelque révision où l'on reconnoîtra bien l'évidente absurdité de cet adage d'une espèce nouvelle et digne des temps révolutionnaires : *l'argent est marchandise ;* comme

si

ſi rien étoit plus fixe, moins arbitraire que la valeur d'une pièce de monnoie.

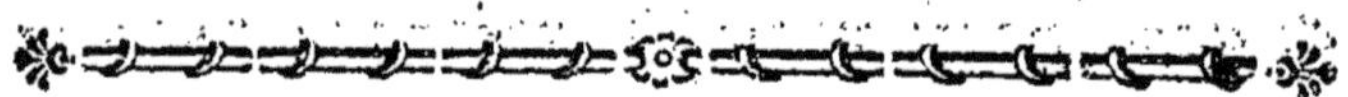

CHAPITRE XX.

De la fusion du Code criminel dans le Code civil.

JE reviens ici à quelques idées jetées dans le Chapitre onzième précédent.

L'espérance où je me complais de rester, qu'on parviendra à simplifier davantage le Code civil, s'associe avec mon opinion sur la convenance qu'il y a de réunir en un seul corps les lois civiles et criminelles. Je n'entends pas qu'on ne puisse séparer les réglemens de procédure civile d'avec ceux de procédure criminelle ; mais j'entends que les lois criminelles peuvent être assez sim-plifiées, pour ne pas trop grossir le Code civil , car on pourroit à la rigueur les ranger sous un ou deux chapitres concernant les délits et les peines.

Ces diverses lois se prêtent un appui mutuel dans l'esprit du lecteur et dans le sens où je voudrois qu'un Code fût une espèce de catéchisme de morale. La puissance du Gouvernement s'y place à côté de sa justice ; le goût de la vertu qu'y inspire l'exposition des devoirs du bon citoyen, n'est pas étranger, par son contraste même, à la nécessité de présenter aux coupables la menace du châtiment.

Nous l'avons observé ailleurs : dans les Codes antiques très-abrégés , la plupart des intérêts civils étoient réglés par le plus petit nombre d'articles législatifs , et le grand nombre envisageoit la repression des délits ; mais lorsque les Romains ont donné le mauvais exemple de Codes trop volumineux , ils n'ont pas même songé à décharger le volume des lois civiles du poids des criminelles ; tellement ils ont senti leur intime corrélation.

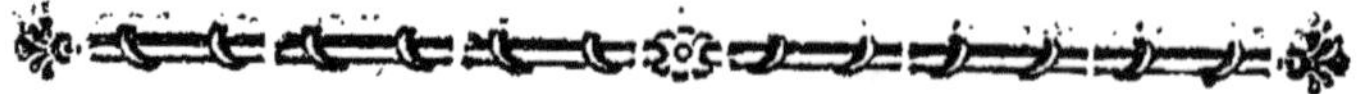

CHAPITRE XXI.

Des innovations qu'on introduit dans le Code civil.

EN cette matière il importe grandement de distinguer les innovations réclamées par un vœu général constamment soutenu, éclairé par une longue expérience, et qui portent ainsi leur évidente justification, d'avec celles qui n'appartiennent qu'à des systêmes particuliers, éphémères, qui rencontrent au moins autant d'adversaires que de partisans. Nous placerons dans le premier rang l'uniformité des lois ardemment désirée en France, le nettoiement de toutes celles qui convenoient à un ancien État politique différent du nôtre, la suppression des droits féodaux excessifs, les règles de succession améliorées sur des bases prises dans le Droit romain.

Mais nous sommes obligés de rejeter au second rang l'admission du divorce , la communauté conjugale comme droit général, le droit d'adoption , la spécialité forcée d'hypothèque , la suppression des Sénatusconsultes Velleyen et Macédonien , le changement de l'âge de majorité à vingt-un ans pour vingt-cinq , l'abolition absolue des substitutions , la saisine des héritiers *ab intestat*, pour que les successeurs testamentaires ne prennent que de leurs mains. Tout ce qui est compris dans ce second rang , est assurément susceptible de révision , et on pourra , si l'on veut , s'épuiser en volumes *in-folio* pour se débattre pour ou contre ces articles; on ne restera vraiment bien d'accord que sur la plupart des règles d'équité ou de raison universelle qui ont été puisées dans le Droit romain , et qui doivent régir la matière des contrats ou obligations.

Comme il est néanmoins très-essentiel d'avoir à suivre des règles fixes quelconques, il convient au Gouvernement, sinon d'imposer silence à toutes les contradictions qui peuvent s'élever contre les lois qu'il a voulu, pour ainsi dire, essayer, du moins de n'attacher son attention qu'à celles qui se trouveroient escortées d'une espèce d'approbation ou réclamation générale de la part des citoyens instruits.

Or, pour reconnoître ces réclamations générales, on n'a pas besoin d'entendre de longs discours, puisque le plus communément les mauvaises thèses ont plus besoin d'être échafaudées de paroles que les bonnes. D'ailleurs, par tout où il se forme une opinion publique, elle est seulement fondée sur quelques idées simples. Il suffit de les rapporter.

Il ne s'agit donc que de combattre avec les raisons les plus simples les articles d'innovation ci-devant énoncés au second ordre, et s'ils ne se trouvent pas ainsi battus, il faut les conserver. Je dirai plus : il suffiroit, pour m'exprimer ainsi, de consulter sur ces articles l'instinct populaire du barreau, et s'il y répugne par une improbation commune et spontanée, il faut

revenir des innovations admises. Du moins,
il faut en revenir si elles sont une pépi-
nière de procès, ou de procédures multipliées dont les Tribunaux se trouvent en-
combrés, et qui n'auroient pas lieu autrement.

Je ne retracerai point ce que j'ai dit
ailleurs sur les innovations qui viennent
d'être alléguées, et n'ai qu'un mot à ajouter
sur la spécialité des hypothèques. Voulant
abréger mon travail actuel, quelque opposition qui s'y trouve avec celui d'une haute
importance dont se sont occupés tant d'hommes célèbres dont je reconnois le mérite
distingué, je suis obligé de m'en rapporter
trop souvent à ce que j'avois publié avant
la rédaction du nouveau Code. Pour excuser
l'inconvenance de ces nombreuses citations
prises sur moi-même, on voudra bien faire
attention que je ne me replie sur mes
écrits antérieurs, que pour hâter la marche
de celui-ci, ou y accoller un supplément
qu'on pourroit désirer, surtout pour indiquer
ma conviction ou véracité d'opinion, qui

avoit ainsi pris une date propre à éloigner tout soupçon d'un esprit actuel de contradiction.

Je rappellerai donc ici la préférence que je donnois à la généralité d'hypothèque plutôt qu'à la spécialité, dans un titre de projet de Code civil présenté d'abord à l'Assemblée constituante, ensuite retouché et adressé au Gouvernement en l'an sept. A côté d'une théorie sur l'intérêt du prêt, je prétendois qu'il étoit plus favorable à la bonne foi et à la facilité des transactions, de permettre ou introduire la généralité d'hypothèque que d'en exiger la spécialité constatée dans des bureaux à part du contrôle. Il me paroissoit même plus simple d'enregistrer au domicile du débiteur que dans tous les arrondissemens de situation des biens hypothéqués. Quelques erreurs ou omissions qui aient pu se rencontrer dans mes articles, je me renfermois dans le système hypothécaire du Droit romain, et à cet égard, si j'ai erré, j'aurois erré avec un M. Portalis, un M. Malleville, et beaucoup de Jurisconsultes estimables.

Parmi tant de fortes objections qui ont été ou qui seront aperçues contre le système de la spécialité, ne faut-il pas encore compter celle-ci ? On a prétendu embrasser toutes les hypothèques sous cette triple division ou dénomination de légales, judiciaires ou conventionnelles. On a été forcé d'avouer que les deux tiers de cette définition échappent à la spécialité, et rendent ainsi le système presque illusoire : mais cette triple division n'embrasse pas tout, puisqu'elle n'embrasse pas l'hypothèque qui doit résulter d'un acte de disposition à cause de mort, où, par exemple, se trouve le legs d'une somme à prendre sur l'hérédité. On a bien aperçu que la définition étoit incomplette, et au lieu d'en récéder, on a cherché à en parer l'inconvénient. On a senti que le légataire pourroit être obligé de parcourir les Tribunaux, avant d'obtenir la reconnoissance de son titre pour acquérir une hypothèque judiciaire sur l'hérédité, tandis que les héritiers pourroient frauduleusement contracter des dettes simulées, et, par leur inscription, primer facilement le titre judiciaire dont l'obtention seroit sujette à beaucoup de longueurs. Pour éviter cet abus, il a fallu assujettir les créanciers ou légataires à demander la séparation du patrimoine du défunt, et les obliger à l'inscription de leurs créances sur chacun de ses biens dans le délai fatal de six mois, à compter de l'ouverture de la succession. Voilà comment les systêmes de législation défectueuse comportent des détails législatifs gênans et compliqués.

CHAPITRE XXII.

Des épreuves en matière de Législation civile.

SI Licurgue reconnoissant l'importance de la fixité des lois, surtout pour le maintien des Républiques, fit promettre de ne pas les changer de cent ans, il n'est pas moins important, pour le repos des familles et pour l'avantage même d'un Gouvernement monarchique , que les lois civiles ne soient trop sujettes à variation. L'embarras qu'ont les Juristes d'appliquer à chaque époque du règne de telle ou telle loi , la décision des procès, pour ne pas blesser le principe de la non-rétroactivité , ne doit pas être vainement augmenté. En France , au milieu des jurisprudences diverses des Parlemens et des coutumes , les Ordonnances ou Déclarations des Rois amenoient des restrictions ou des ampliations aux lois précédentes. Maintenant qu'un Empire brillant est établi , où le Chef suprême annonce hautement que l'unique but de sa législation est de rendre le peuple heureux , il ne peut y avoir de règle déterminative de la fixité du Code , autre que la souveraine raison qui l'aura dicté.

A la suite d'une révolution qui a plié les esprits et leur fait désirer de se rasseoir sur une base immuable , il n'y a point d'inconvénient à procéder à la révision du Code , dès qu'on aura suffisamment médité les mo.

yens de le perfectionner , en vue de lui attribuer la plus longue durée. Cependant la première publication du Code Napoléon présente en divers points de tels chefs d'œuvre de rédaction , un si bel ordre , tant de sagesse dans diverses dispositions , où même une grande partie de ce qu'on pourroit en retrancher appartiendroit nécessairement aux principes de jurisprudence qui survivroient à une rédaction nouvelle , que , n'y eût-il aucun changement, la nation auroit encore de grands motifs de reconnoissance pour le don du Code uniforme tel qu'il est , et pourroit s'y conformer pendant quelques années. L'expérience de ce temps suffiroit pour démontrer l'évidence de vérité ou d'erreur des observations insérées dans cet ouvrage ou dans d'autres pareils. Le prix qu'on devoit attacher au travail exécuté par les grands Juristes réunis sous les yeux de l'Empereur Justinien , n'empêcha point qu'après les Pandectes le Code , après le Code les Instituts, après les Instituts les Novelles , ne fussent une variation assez nécessaire du Législateur.

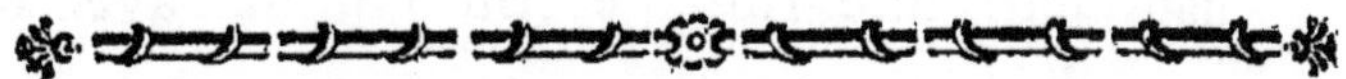

CHAPITRE XXIII.

Observation générale sur la révision et la Simplification du Code.

L'ENTREPRISE du renouvellement d'un Code civil est si vaste , si délicate , si importante , que si un premier essai de rédaction nous fait avancer prodigieusement vers la perfection de cette entreprise , on a les plus grandes obligations aux premiers rédacteurs. N'oublions pas que la critique est facile , et l'art bien difficile. Quelles que soient les corrections que j'oserai indiquer sur les différentes parties de la rédaction adoptée , il est évident que là où je ne trouve rien à changer , à supprimer , à perfectionner , je rencontre dans mon sens une partie d'ouvrage qu'on doit s'approprier et garder soigneusement. Or il y a tant de parties qu'il faut conserver dans leur intégrité, et où j'ai dû avec tout le monde applaudir à la rédaction , qu'il m'est ainsi démontré que nous avons fait des pas de géant vers la perfection du Code.

Cependant comme tous ces rédacteurs avoient une haute réputation personnelle justement méritée , et qu'ils sont par conséquent au-dessus de mes éloges, il seroit vain que je les exagérasse , en ne pas convenant comme eux que la meilleure partie de leurs articles de lois étoient des emprunts du Droit romain. Mais comment se fait-il que d'une part j'aie dû être comme eux un des plus grands admirateurs du Droit romain, en reconnoissant le besoin de ces emprunts, et que d'autre part j'aie soutenu qu'il falloit en venir au point de pouvoir abandonner l'étude du Code romain et des Pandectes , tandis que les Orateurs du Gouvernement français ont cru très-important d'en recommander l'étude (*) ,

____

(*) Voyez le beau Discours du Conseiller d'Etat M. Treillard, sur la première Loi concernant les Successions.

et de la laisser nécessairement à la charge
des Jurisconsultes et des Magistrats ? seroit-
il vrai que les Rédacteurs du nouveau Code
ont abordé trop peu de détails dans leurs
articles législatifs , et se soient ainsi obligés
à réserver aux étudians le supplément qu'ils
trouveroient dans la compilation Tribonienne ?
ou plutôt n'est-il pas vrai qu'ils ont excédé
en détails , et que c'est précisément la cause
qui a rendu leur ouvrage incomplet , pour
amener l'obligation de saisir dans le Code
Justinien cet esprit de jurisprudence qui sert
à sortir heureusement du dédale des lois ?
On résoudra ces questions par l'ensemble des
observations que je répands ici. Toutefois je
ne saurois me dispenser de me plaindre qu'a-
vec des panégyriques brillans de la jurisprudence romaine , on ait fait à cette jurisprudence de très-larges blessures , comme si on
avoit eu besoin de transiger avec ce Droit
coutumier pour lequel on montroit-d'ailleurs
un assez grand dedain.

Sur la simplification des lois nous avons
observé qu'il y a des matières réglementaires

qui peuvent être laissées à part et hors du Code. Il en est ainsi de la plupart des articles sur les actes de l'état civil des personnes, comme on peut le voir depuis l'art. 34 jusqu'à 100 du nouveau Code. Ces actes sont une espèce de procédure. Les formes d'opposition au mariage sont du même genre. Même observation sur la procédure de nomination de tuteur et de formation de conseil de famille. Les formes de procéder, pour en venir au divorce, pourroient encore appartenir au Code judiciaire, et ceci offre un grand nombre d'articles très-susceptibles d'être élagués. A la vérité on grossiroit davantage le Code judiciaire dont la rédaction surpasse beaucoup l'étendue de l'Ordonnance de 1667 ; mais il y a moins d'inconvénient à assujettir les gens de loi à cette étude, qu'à risquer de laisser la masse des citoyens dans trop peu de connoissance du Code qui règle leurs intérêts, et on ne peut parvenir à leur donner cette connoissance suffisante que par une grande simplicité du Code civil. D'ailleurs, a-t-on assez réfléchi sur l'importance qu'il y

auroit à simplifier davantage la procédure ?
et le Code judiciaire qu'on a grossi maintenant, ne devroit-il pas être amoindri dans
un plus court espace ? L'analyse est toujours
plus difficile que l'amplification.

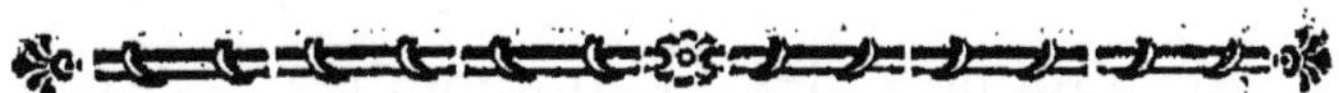

CHAPITRE XXIV.

De l'inspection des Écoles de Droit.

D ANS mon premier essai sur la réforme
des lois, publié en 1786, je m'étois fait
un point capital de la réorganisation des
Écoles de Droit. Comme il y avoit si loin
de ce qu'elles étoient à ce qu'elles devoient
être, j'étois forcé d'exagérer mon idée en
soutenant qu'il seroit plus utile d'anéantir
la science du Droit que de la laisser subsister dans son état actuel de dégradation.
J'avois parcouru historiquement ses progrès
depuis

depuis son origine. Autant elle paroissoit respectable dans son berceau ; puisqu'elle étoit la portion la plus importante de la doctrine morale dans les écoles de philosophie , autant lorsqu'elle s'étoit émancipée de former des écoles à part , en abusant des subtilités des Commentaires ; s'exerçant sur des lois équivoques , ou contradictoires ; ou superflues , alimentant une classe d'hommes avides de gains pécuniaires établis sur les discordes domestiques , ou les mal-entendus dans la société ; elle étoit devenue la source de mille maux.

Revenant néanmoins d'une première exagération qui sembloit assez nécessaire , pesant l'état de la Jurisprudence , celui des familles dans un vaste Gouvernement dont les rouages étoient compliqués , j'avouois qu'il falloit consentir à des Écoles de Droit. Mais je recommandois de ne pas perdre de vue combien étoit redoutable le fléau d'une science de ce genre trop abstruse , la nécessité de la réduire dans le cercle qu'elle occupoit avant l'émission de Codes volumineux:

Postérieurement , en l'an 6 , je crus devoir offrir au Ministre de l'intérieur un projet d'inspectorat des Écoles de Droit. Il en témoigna son approbation. Mais l'inspectorat n'a été adopté enfin que sous un Gouvernement plus efficacement actif. Le but d'un tel établissement est bien louable. Mon désir est qu'il soit rempli , quoique les moyens dont il est entouré soient très-différens de ceux que j'avois proposés. Sans parler de mes craintes , je désire encore que les Écoles de Droit , telles qu'on les a réorganisées , échappent aux inconvéniens qu'on a si justement reprochés à celles qui ont précédé la révolution. Je désire enfin qu'il s'y forme un séminaire de Magistrats dignes de tous les respects , et propres à balancer les fautes même de la législation. Car de bonnes mœurs et de bons Juges valent encore mieux que les meilleures lois , s'il faut en croire les Sages de l'antiquité.

CHAPITRE XXV.

Conclusion.

L'EMPIRE seul des maximes d'équité répandues dans le Code Justinien, a rendu
long-temps ces lois communes à la plus
grande partie de l'Europe. Les rédacteurs
de ces lois avoient dû en faire le triage
dans des milliers de volumes de jurisprudence,
et surtout recueillir chez les anciens Philosophes de la Grèce et de l'Italie les principes de morale applicables à la législation.
Leur compilation indigeste a eu besoin d'être
remaniée, éclaircie, régularisée par les bons
esprits des Juristes des derniers siècles. Puisque, en recueillant les fruits de ces travaux
successifs, les coopérateurs de rédaction de
nouveau Code civil Français ont jeté parmi

les richesses que nous possédions déjà, une œuvre infiniment recommandable, que nous reste-t-il à faire ? prendre cette œuvre pour base d'un dernier travail de révision ; marquer sur chaque article ce qui est susceptible d'être élagué ou corrigé ; indiquer ce qui doit être suppléé ; méditer sur ces notes, sur les principes législatifs qui les auront dictées ; et après une méditation suffisante, déduire le résultat le plus parfait, soit dans l'émission d'un Code principal en harmonie avec tous règlemens nécessaires et distincts, soit dans la direction des études de Jurisprudence.

Tel est le plan bien simple que je vais m'efforcer de suivre, mais avec rapidité, dans la seconde partie des observations que je soumets à la raison du dix-neuvième siècle.

SECONDE PARTIE.

OBSERVATIONS

SUR LE CODE CIVIL DES FRANÇAIS.

Nous n'avons qu'à parcourir ce nouveau Code dont les divers Titres ont été promulgués depuis le 24 ventôse an XI, jusqu'au 10 germinal an XII de cette ère républicaine que la révolution avoit introduite et qui a cessé en l'an XIV, pour laisser reprendre à la France, dès le 1.er janvier 1806, ses relations habituelles de dates avec les autres peuples. Les ménagemens politiques intérieurs qui avoient empêché de

se raccorder plutôt avec le calendrier général , laisseroient presque soupçonner qu'à
l'époque de la promulgation des diverses
lois composant ce Code , il y avoit encore
à ménager un peu de ces idées dont le
mérite principal avoit été de servir d'auxi-
liaires à la révolution précédente.

Nous hâterons notre marche , en nous
référant à l'application des maximes générales ci - devant énoncées.

SUR LE TITRE PRELIMINAIRE.

De la publication , des effets , et de l'application
des Lois en général.

ART. I. »LES Lois y sont déclarées exé-
» cutoires et réputées connues dans le dé-
» partement où siège le Gouvernement , un
» jour après leur promulgation , et dans

» chacun des autres départemens, après l'ex-
» piràtion du même délai , augmenté d'au-
» tant de jours qu'il y aura de fois dix
» myriamètres (environ vingt lieues) entre
» la ville où la promulgation en aura été
» faite et le chef-lieu de chaque dépar-
» tement «.

Cet article suppose l'existence d'un corps législatif en activité.

Il convenoit à l'ensemble d'un Code civil d'être promulgué d'un seul jet qui auroit frappé à une date d'exécution indiquée d'a-vance , parce que les corrélations des parties de cet ensemble l'exigeoient ainsi. Les com-binaisons de distances proposées pour qu'une loi fût exécutoire , devoient seulement ap-partenir aux lois modificatives du code qui lui auroient succédé. Peut-être même falloit-il resserrer ces combinaisons dans les ma-tières administratives ou réglementaires , et réduire à un petit nombre de grandes épo-ques les innovations au civil. Car pour la simplicité des opérations des gens du bar-reau , on ne doit pas les assujettir à la recherche d'une foule de dates très-essentielles, à la décision de telle ou telle cause.

En comparant ce mode de publication aux précédens, il a paru moins vicieux ; cependant il offre, plus que les autres, l'inconvénient très-grave et que l'expérience a déjà fait apercevoir, qu'une loi se trouve obligatoire avant d'être connue, et qu'il y ait même quelquefois la possibilité de la connoître. D'où viennent tant d'efforts sans succès pour déterminer en toute justice l'époque où la loi doit recevoir son exécution ? Si le Code civil eût été produit tout à la fois, étant destiné à présenter les bases fixes sur lesquelles les jugemens des Tribunaux doivent être assis, rien n'étoit plus simple que d'annoncer à l'avance que ce Code seroit en vigueur à tel jour pour tout l'Empire français ; mais la permanence même d'un corps législatif semble nous prévenir que ce Code pourra être sujet à des variations.

Le caractère propre aux lois civiles est néanmoins d'offrir une grande fixité. S'il y a quelque modification à y introduire, rien ne presse pour que les innovations soient mises en vigueur, et rien ne s'oppose à ce qu'une assez grande latitude de délai permette à tous les citoyens d'être instruits de la loi nouvelle , avant qu'elle soit obligatoire. Il en est autrement pour les lois purement réglementaires qu'il est quelquefois urgent de faire exécuter. Concluons de-là que l'embarras du Législateur, sur le mode de publication des lois, a procédé de ce qu'on avoit trop perdu de vue la distinction essentielle à observer entre les simples règlemens et les lois civiles proprement dites.

L'Orateur du Gouvernement, M. Portalis, a motivé cet article en disant : *Tout est successif dans la marche de la nature , tout doit l'être dans la marche de la loi.* C'est trop déduire vaguement ou trop facilement une similitude entre les productions du Législateur et celles de la nature. C'est trop confondre un acte moral avec l'ordre des végétations physiques.

Il ajoute , pour excuser la briéveté du délai , que la loi est déjà publique avant d'être promulguée , parce que les discussions du Tribunat en font circuler le projet dans toutes les parties de l'Empire. Cela pourroit être un peu vrai , si la loi étoit toujours parfaitement conforme au projet. Chose qu'on ne doit pas supposer.

ART. 2. La loi n'a point d'effet rétroactif.

C'est une maxime qui appartenoit moins au Code qu'à un recueil de principes vrais de toute législation , qu'on a reconnu ailleurs devoir être laissé à l'enseignement.

La suppression d'un paragraphe proposé , portant que la loi interprétative aura son effet du jour de la loi qu'elle explique , eut lieu , dit M. Malleville , parce que ce § fut jugé inutile , et que le sens des Jurisconsultes le supposeroit. Il falloit user plus souvent de ces espèces de réticences.

ART. 3. » Les lois de Police obligent tous ceux qui habitent le territoire «.

C'est-là encore un principe de législation.

Les art. 4 et 5 qui forcent les Juges à prononcer malgré le silence et l'obscurité de la loi , et leur prohibent de faire le rôle de Législateur , sont un retour aux mêmes principes de législation dont on s'étoit dévié. En abolissant les mauvaises lois précédentes , on s'expliquoit assez là-dessus.

L'art. 6 qui défend les conventions contre l'ordre public et les bonnes mœurs , est un autre principe du même genre. Du reste , tous ces principes étant énoncés briévement , il n'y a pas de mal de les avoir rappelés ; mais en admettant que c'est un bien , il convenoit d'en énoncer beaucoup d'autres.

SUR LE LIVRE PREMIER.

Des Personnes.

TITRE PREMIER.

De la jouissance et de la privation des droits civils.

A LA rigueur, ce Titre du Code auroit pû être entièrement omis. Même les lois positives qui se trouvent insérées dans un Code sont présumées n'être que le développement des lois d'équité ou raison naturelle, par conséquent s'appliquent comme droit universel à tout homme vivant sur le sol où le Code est promulgué. A l'exception de ce qui touche aux titres de propriété d'un Français, ou sise sur le sol français, dont le transport à titre successif pourroit être refusé à des étrangers , et faire la matière d'un article au Titre des Successions , toute disposition législative au civil et au criminel doit atteindre l'homme vivant en France , ou qui n'a pas perdu sa qualité de Français, tout comme un étranger peut venir réclamer la justice devant les tribunaux de France.

Ainsi il falloit renvoyer aux lois constitutionnelles ou réglementaires , les articles qui règlent comment on est Français **ou** citoyen. Tout le premier Chapitre de ce Titre pourroit être supprimé ; l'art. 16 seulement qui exige la prestation d'une caution par un étranger qui actionne un Français en justice , doit être conservé , mais inséré dans le Code judiciaire.

Il en est de même du Chap. 2 , sect. I. où on rencontre , dans l'art. 19 qui se réfère à l'art. 12 du Chapitre précédent , le principe de législation connu , que la femme doit suivre la condition de son mari : ce principe auroit trouvé place en parlant des effets du Mariage.

Quant à la Sect. II , les dispositions en

sont justes, mais appartiendroient plus véri-tablement au Code criminel qu'au Code civil. Cependant elles ne sont point étrangères à celui-ci, ou plutôt elles montrent un des points de contact de ces deux Codes, par où il est indiqué qu'il n'en faudroit faire qu'un seul.

On a oublié d'énoncer dans cette Section qu'un homme mort civilement est inhabile à stipuler une obligation ou une vente; car pour faire valoir ce contrat, il seroit né-cessaire qu'il lui fût permis d'ester en juge-ment. Au contraire, l'art. 33 semble supposer ces stipulations valables, en adjugeant à la nation, par une espèce de droit de déshé-rence, les biens acquis par le condamné à mort civile. Il eût été plus conforme aux principes de déclarer ces biens vacans, com-me n'appartenant à personne.

TITRE II.

Des Actes de l'Etat civil.

Ceci est purement réglementaire , et ne devoit point surcharger un Code dont la destinée est de devenir commun à tous les peuples du continent.

L'art. 60 qui confie à l'Officier de l'État civil le soin de faire deux publications de Mariage , à huit jours d'intervalle , devant la maison-commune , un jour de Dimanche , ne supplée pas aux anciennes publications qui se fesoient à l'Église , et qu'un respect des usages religieux y fait encore continuer, comme pour obvier à l'insuffisance de la mesure civile.

Il est de ces actes civils qu'il est bon de laisser consacrer par la religion , ou qui du moins acquièrent plus de solennité dans les réunions nécessairement nombreuses , où les citoyens viennent rendre cet hommage profond que la créature doit au Créateur.

TITRE III.

Du Domicile.

Ici tous les articles sont parfaitement clairs, fixent à propos et utilement la résolution des questions qui auparavant étoient trop litigieuses. On y reconnoît justement dans l'art. 105 ce grand principe, qu'il faut laisser quelque chose à l'arbitre des Juges. Nous verrons qu'ailleurs on s'en écarte trop.

TITRE IV.

Des Absens.

Loi très - sage, qui manquoit à la législation romaine, mais qui sembloit devoir faire suite au titre des successions.

TITRE

TITRE V.

Du Mariage.

En traitant des personnes , n'étoit-il pas plus naturel de commencer par s'occuper de la puissance paternelle ; ensuite de la tutelle , etc. ? La première pierre qu'il falloit poser, pour l'édifice des lois civiles ; étoit le Titre sur la puissance des pères ; puisqu'elle est le premier fondement de l'état social. Croiroit-on qu'en mutilant cette pierre et la plaçant en lieu indifférent , l'édifice en vaudra mieux ?

L'ART. 144 porte : » *L'homme avant* » *dix-huit ans révolus , la femme avant quinze* » *ans révolus ne peuvent contracter mariage* «.

Cette différence de fixation de l'âge de puberté d'avec celle que le Droit romain adoptoit est convenable. Je l'avois motivée , en 1786 , et l'avois ainsi précisément proposée dans un plan abrégé de rédaction de Code civil, en l'an 8.

Par l'art. 148 » le fils qui n'a pas at-» teint l'âge de vingt - cinq ans accomplis, » la fille qui n'a pas atteint l'âge de vingt-» un ans accomplis , ne peuvent contracter » mariage sans le consentement de leurs » père et mère : en cas de dissentiment, » le consentement du père suffit «.

Cet article contient une espèce d'aveu indirect qu'il falloit conserver la fixation de l'âge de majorité à vingt - cinq ans , du moins qu'il falloit prolonger la puissance pa_ternelle jusqu'à l'époque de cette majorité ainsi fixée.

Les articles suivans traitent du consen-tement des père et mère dont les enfans majeurs peuvent se dispenser moyennant certains actes respectueux.

Il sera facile de reconnoître dans ces articles ce qui pouvoit faire la matière de lois réglementaires touchant certaines forma-lités ; car le Code civil n'avoit proprement qu'à déterminer la nécessité du consente-

‑ment des père et mère au mariage de leurs enfans ; ainsi que les cas d'exceptions. La même observation s'applique aux Chapitres 2 et 3 suivans. Mais s'il y a eu de la sagesse à conserver l'obligation des actes de respect qui attestent le devoir de subordination des enfans, il ne falloit pas, en d'autres points essentiels, réduire presqu'à néant la puissance paternelle tant révérée dans les pays de Droit écrit ; autrement il se rencontre une espèce de contradiction dans les dispositions législatives.

L'art. 204, au chap. V. du même Titre, décide » que l'enfant n'a pas d'action con‑ » tre ses père et mère pour un établisse‑ » ment par mariage ou autrement «.

M. Malleville nous rendant compte des discussions qui ont préparé la rédaction du Code, annonce que ce fut ici le premier combat *en règle* entre le Droit romain et le Droit coutumier. Il avoue que le motif qui parut décider l'art. 204 fut » que les lois romai‑ » nes étoient bonnes lorsque les pères avoient » réellement une puissance, et à présent

» qu'ils n'en ont plus , il faut par com-
» pensation les décharger de l'obligation de
» doter leurs filles «. M. Malleville ajoute
très-à-propos : » il faudroit donc aussi les
» décharger de l'obligation de fournir aux
» autres besoins de leurs enfans ; mais reste
» à savoir s'il ne valoit pas mieux conser-
» ver l'autorité paternelle que la détruire «.

Ecoutons l'art. 213 : » Le mari doit pro-
» tection à sa femme ; la femme obéissance
» à son mari «.

Quelque vérité qu'on trouve dans cet axiome , devoit - on l'étaler dans un Code civil ? L'ordre naturel des choses , les prin-cipes de morale religieuse n'en disoient-ils pas assez à cet égard ? Ne suffisoit-il pas d'admettre les conséquences du principe , comme l'obligation de la femme de suivre son mari , etc. sans affecter de proclamer le prin-cipe lui-même ? Car il y a un peu de rudesse celtique d'annoncer crûment à ceux qui vont contracter la plus douce union, où les cœurs confondus doivent espérer une heureuse in-telligence , que l'un des deux pourra être tyrannisé par l'autre. C'est donner presque un avant-goût de la loi sur le divorce. S'il est de ces vérités dont la réticence est très-sage , c'est sans doute lorsque la réticence d'un droit véritable indique à ne pas en abuser. Dans ce sens le devoir de protection imposé à l'homme ne balance pas assez celui d'obéissance imposé à la femme. Combien ces mots d'une voix religieuse sont plus doux : *Maris, aimez vos femmes.*

La nécessité imposée par les art. 215 et 217 , même aux femmes séparées de biens , de se faire autoriser par leur mari en tous leurs actes , blesse aussi les droits de liberté naturelle de ce sexe , et peut empêcher le mariage des filles qui , se trouvant maîtresses de leurs biens , attachent du prix à certaine indépendance. Cette nécessité offre encore l'inconvénient d'occasionner un acte de procédure de plus dans l'instruction des actions civiles.

TITRE VI.

Du Divorce.

Mon avis contre l'admission du Divorce a été tellement prononcé avant et après la révolution, en me réglant sur des considérations politiques plutôt que religieuses, que je dois aujourd'hui négliger d'en répéter les motifs, et me référer à ce qu'en ont dit des Orateurs distingués, tels que le Tribun M. Carion de Nisas. Les Législateurs qui ont introduit le Divorce, dont la loi grossit ici le Code de près de cent articles où tout n'est pas prévu (*), ont plutôt secondé de vaines idées de liberté civile, qu'ils n'ont véritablement considéré si cette institution est favorable ou non aux mœurs publiques.

____

(*) Par exemple : on ne dit rien du cas où l'un des époux ne découvre qu'après le mariage, que l'autre est atteint du mal caduc.

On remarquera que dans le discours de M. Treilhard, sur le Divorce, il n'est pas même parlé de la loi du 20 septembre 1792, comme s'il falloit avoir la pudeur de voiler cette époque où l'introduction d'un divorce audacieux avoit été le résultat de l'extrême licence d'un Corps législatif révolutionnaire. La loi du 12 brumaire an 2, si favorable aux enfans naturels, fut du même genre.

La permission du Divorce, d'après le consentement mutuel, blesse surtout la sainteté du mariage ; les épines dont on l'a hérissée ne la sauvent point de ce reproche.

Il y auroit beaucoup à dire contre l'art. 295, qui empêche que les époux divorcés puissent jamais se réunir. Montesquieu, dont l'avis a déterminé cet article, là où comparant la loi du Mexique avec celle des Maldives, il dit que la première, qui défend aux époux de se réunir, entre mieux dans les vues d'indissolubilité du mariage, que la seconde qui le leur permet, Montesquieu, dis-je, n'a pas entendu faire autorité pour une législation à venir où l'on altéreroit l'indissolubilité du lien conjugal. Quand les époux divorcés ne se sont point remariés , faut-il leur interdire le repentir ? Montesquieu a-t-il voulu faire autre chose que prendre une occasion de plus pour préconiser le respect dû au mariage ?

Dans la lutte des opinions pour et contre l'institution du Divorce, diverses Cours d'appel consultées avoient proposé de transiger , moyennant l'option qui seroit accordée entre la demande de divorce et celle en séparation de corps , espérant que l'ascendant seul de l'opinion publique anéantiroit presque l'institution ; mais l'art. 310 qui permet à l'époux défendeur de forcer la prononciation du divorce après trois ans de séparation , tromperoit assez cette espérance. Il est remarquable que , suivant cet article, le privilège donné à l'époux séparé de faire prononcer le divorce , ne s'étend point à la femme adultère. C'est pourtant pour elle qui , s'étant rendue la plus indigne du mariage , n'a pas craint la flétrissure du divorce , qu'il devroit mieux lui appartenir. A-t-on voulu que le mari pût la punir ainsi d'une privation de tout autre mariage, en se bornant à demander contre elle la séparation de corps ? Mais là où le mari peut le plus légitimement retirer le titre d'épouse, on l'induiroit à le conserver. D'ailleurs plus a été grave la faute de cette malheureuse, plus on risque de la livrer à une suite de plus grande dissolution en lui interdisant l'espoir d'autre mariage; ce qui n'est guères propre à l'édification des mœurs.

Parmi les Orateurs du Gouvernement qui ont combattu sur le point de différence admis entre le droit de se séparer de corps et celui de divorcer, consistant en ce qu'on exclud, pour le premier seulement, le moyen du consentement mutuel, ceux qui maintenoient le projet insistoient beaucoup sur un motif auquel ils ont prétendu qu'on n'avoit pas répondu. Ce motif étoit celui-ci : » comme » la séparation de corps entraîne de droit » la séparation des biens, deux époux de » mauvaise foi trouveront encore dans leur » consentement mutuel le moyen de ruiner » tous leurs créanciers «. La réponse à ce

motif est néanmoins bien facile ; la voici :
on n'avoit qu'à autoriser la séparation de
corps dans les mêmes limites qu'elle étoit
permise par les Tribunaux avant la révolution. L'expérience du temps passé prouve
que cette faculté n'entraîne ni un grand
scandale, ni la ruine des créanciers. Il n'y
avoit pas non plus nécessité d'obliger à divorce l'époux demandeur en séparation après
un certain délai, et empêcher ainsi à jamais
la réunion des époux séparés ; car si ce demandeur aspiroit à une éternelle séparation,
il n'avoit, suivant la loi admise, qu'à opter
pour le divorce. Sous ce rapport, cet article
de la loi est en contradiction avec les
motifs qui avoient déterminé cette faculté
d'option.

TITRE VII.

De la Paternité et de la Filiation.

Suivant les art. 326 et 327 sous ce Titre, les Tribunaux civils connoissent seuls des questions de suppression d'état ; ce n'est que lorsqu'ils ont prononcé que l'action criminelle peut commencer contre les prévenus du délit d'une semblable suppression.

L'inconvénient offert par cette disposition est que le ministère public, sans l'intervention duquel aucune action criminelle ne peut être liée ni poursuivie, reste maître de l'anéantir, au préjudice de la partie civile qui est intéressée à la poursuite de cette action. Il a paru même à la Cour de cassation, (dans son arrêt du 10 messidor an XII), dangereux que l'action criminelle soit ainsi suspendue et même éventuellement anéantie relativement à des crimes qui intéressent si essentiellement l'ordre social ; mais elle s'est réduite à dire qu'il n'appartient pas aux autorités judiciaires , *dans leurs fonctions* , d'apprécier la sagesse des lois.

L'avantage qui résulteroit d'un Code où on se fût circonscrit dans des maximes générales d'une sagesse irréfragable , seroit au moins que jamais le juge ne pourroit paroître plus équitable que le législateur. La dignité de la législation l'exige ainsi.

La loi romaine légitimoit indéfiniment l'enfant naturel par le mariage subséquent de ses père et mère. Ici l'art. 331 exclut cette légitimation , lorsque ses père et mère n'ont pas reconnu l'enfant avant le mariage ou dans l'acte même de célébration. C'est faire dépendre de l'humeur capricieuse ou de l'empire des circonstances , la légitimité d'un enfant fondée sur un droit qui lui appartient en propre. Il falloit lui réserver dans tous les cas la faculté de faire ses preuves , en les exigeant bien démonstratives. L'équité qui le veut ainsi , est la même qui a dicté l'art. 328 , portant que l'action en réclamation d'état est imprescriptible à l'égard de l'enfant.

Voici comment je m'exprimois dans des observations sur le projet du Code adressé en l'an 9 , au Ministre de la justice : » la » cause des enfans qui , dans leur bas âge , » n'ont que la loi pour soutien , est en quel- » que sorte la cause de l'humanité : elle mé- » rite pour le moins autant de faveur que » la cause de la tranquillité des familles ; » mais plutôt il faut pourvoir à l'une et à » l'autre. C'étoit bien assez d'exiger des preu- » ves de possession d'état ou des écrits de » reconnoissances, sans qu'on dût limiter, dans n le cercle étroit d'un instant fugitif, la per- » mission d'établir l'état d'un enfant par » mariage subséquent. La légéreté , la bizar- » rerie de divers caractères peuvent occa- » sionner des cas où une fille , après avoir » été séduite par des promesses de mariage, » ayant commis une faute , trouvant ensuite, » de la part de celui qui l'a provoquée, des » dispositions équivoques à l'épouser, pré- » cipite son mariage , dès qu'elle peut ob- » tenir un consentement du jeune homme. » L'enfant peut être absent , ou malade ,

» où on croit qu'il va mourir ; ou bien
» cette fille n'ose encore rendre sa faute
» publique ; ou enfin la considération de
» quelques parens gêne les époux. Faut-il
» que l'instant du mariage étant écoulé, il
» ne dépende plus des père et mère de re-
» connoître leur enfant ? Dans cette hypo-
» thèse au moins, n'y avoit-il pas de mo-
» tifs plausibles pour faire revivre l'ancien
» droit d'adoption ? On a laissé ce vide dans
» le discours préliminaire du projet de Code,
» de ne point expliquer pourquoi les rédac-
» teurs ont cru ne devoir rien statuer sur
» l'adoption «.

Telle étoit l'observation à laquelle les rédacteurs n'ont point eu égard, si ce n'est ,
comme nous allons voir, en s'occupaut du
droit d'adoption. Malheureusement ils ont
exclu la faculté d'adopter dans le seul cas
où elle me paroissoit bien nécessaire. Car
on a jugé avec quelque raison qu'il ne falloit point entendre le Code, de manière à
ce que l'adoption pût s'appliquer à la classe
des enfans naturels. Or ceux dont je parle

se trouvent rejetés dans cette classe , quoiqu'ils aient un véritable droit d'en sortir. Toutefois cette exclusion des enfans naturels n'étant nullement précisée dans le Code , l'interprétation des Tribunaux fait la critique de ce défaut de précision.

TITRE VIII.

De l'Adoption et de la Tutelle officieuse.

Laissant au lecteur le soin de vérifier si la sect. 2 du chapitre premier sous ce Titre n'appartient pas au Code judiciaire , j'envisagerai seulement l'ensemble de la section première.

Si l'état actuel des mœurs permet de rétablir le droit d'adoption tombé en désuétude par l'influence de nos opinions religieuses , la nouvelle loi peut être regardée comme très-sagement rédigée. Mais puisque les mœurs ont grandement besoin d'être restaurées , ne pourroit-on reprocher à nos

Législateurs de s'être déterminés trop légèrement, d'après l'exemple du Code prussien ,
à permettre l'adoption dans ce siècle où
tant de célibataires présentent des exemples
scandaleux d'une vie licencieuse ? A la vérité
l'art. 355 exige que le Tribunal, avant de
permettre l'adoption , vérifie si la personne
qui se propose d'adopter jouit d'une bonne
réputation. Mais dans nos idées communes ,
nous entendons par bonne réputation, celle
d'un homme de probité. Le célibataire qui
aura couvert d'un léger voile certain concu-
binage , pourra encore avoir assez bonne
réputation. D'ailleurs fût-il astreint par la sévérité de la loi à envelopper son genre de
vie dissolue des précautions du secret, il
sauroit user de l'avis que la loi lui donneroit. Il est bien évident qu'après avoir fait
remettre un enfant naturel dans un hospice
d'enfans trouvés , avoir suivi attentivement
son existence, il est permis , par l'art. 361 ,
au célibataire de devenir son tuteur officieux ,
et successivement de l'adopter. Ainsi le pen-
chant le plus naturel de l'homme, qui l'attire

tire vers le sexe , ne sera plus conduit nécessairement au lien sacré du mariage , à
ce contrat auquel se rapportent presque toutes les moralités de l'ordre social.

Les Tribunaux ont eu raison d'atténuer
cette faute de la législation , en établissant
pour jurisprudence , de repousser le scandale
autant que possible , en refusant de permettre
l'adoption , par tout où il paroît qu'un père
veut adopter son enfant illégitime. Sans doute
ils sont ainsi entrés dans les véritables intentions des rédacteurs de la loi dont il s'a-
git , puisqu'ils ont reconnu que l'adoption
manqueroit son but , si elle nuisoit au mariage. Mais on sera aussi averti de cette
jurisprudence pour se précautionner contre
elle , et la faute de la législation restera entière. Ne peut-on surtout lui reprocher de
favoriser le célibat , en permettant à ceux
qui n'ont jamais subi le joug du mariage ,
de s'arroger les honneurs de la paternité ?

Un Commissaire à la Cour de cassation
a fort bien observé (dans l'Arrêt du 16
fructidor an XII) , que nos nouvelles lois

ont , comme les lois anciennes , formelle-
ment refusé à l'enfant adultérin la légitimation , dans le cas même du mariage subséquent de son père et de sa mère. Peut-on
penser que celui qui ne pourroit ainsi légi-
timer son enfant , ait pu tromper le vœu
de la loi en l'adoptant ? Le Code civil a ,
pour l'intérêt des mœurs , interdit l'adoption
de l'enfant naturel , par conséquent celle de
l'enfant adultérin ; mais on laisse les moyens
de tromper cette interdiction.

Le Chapitre II , sur la tutelle officieuse ,
offre une espèce de demi-adoption ; c'est une
invention nouvelle en jurisprudence , qui ne
produira pas grand effet ; car un homme
disposé à faire du bien à un enfant , aimera
mieux le faire librement , que de s'engager
par une qualité de tuteur officieux , à ce
qu'ensuite sa liberté de discontinuer le bienfait soit gênée.

TITRE IX.

De la puissance paternelle.

LA loi sur cette matière eût été meilleure, si , comme je n'ai cessé d'y insister avant l'émission du Code , la fixation précédente de l'âge de majorité à vingt-cinq ans eût été conservée , et si la jouissance des biens de l'enfant eût été laissée au père jusqu'à cette majorité , sauf à limiter cette jouissance pour la mère , lorsque l'enfant auroit atteint sa dix-huitième année révolue. M. Malleville , l'un des rédacteurs , a été affligé de cette réduction de puissance , et n'a pu s'imposer silence sur les dangers qu'elle entraîne. Aussi espère-t-il que *cette fâcheuse disposition* sera bientôt réformée (*).

Il paroît étonnant que dans le discours de

____

(*) Tom. I. pag. 396. Analyse de la discussion du Code civil.

M. Réal , où il a voulu déterminer quelle doit être la juste latitude du pouvoir paternel , il n'ait point assigné le motif qui doit faire cesser ce pouvoir , lorsque l'enfant est parvenu à sa vingt-unième année. Mais ce silence est suppléé par M. Berlier , dans son discours sur la fixation d'âge de minorité , dont on trouvera que les motifs sont peu plausibles , comme lorsqu'il dit qu'il a fallu surtout se tenir à l'âge de vingt-un ans , puisque la Constitution fixoit la majorité politique à la même époque. Il erre en fait , en supposant que , chez le plus grand nombre des individus , la capacité naturelle de faire de sages transactions existe à cet âge , et doit déterminer la capacité légale. Il ne veut point qu'on récède de la fixation prise à l'époque révolutionnaire du 20 septembre 1792 , comme si le laps de onze années en avoit justifié les avantages.

Il falloit déterminer moins vaguement , dans l'article 387 , cette espèce de biens dont l'usufruit est interdit au père , et que les enfans peuvent acquérir par leur travail ou industrie ; car cette séparation d'industrie n'est bien précise et véritable que lorsque l'enfant vit hors de la maison paternelle , et n'est point entretenu aux frais de ses parens.

Au lieu de ne mettre aucune différence de dénomination entre le droit de puissance donné au père et celui donné , à son défaut , à la mère , j'aurois préféré de suivre l'usage de quelques coutumes françaises , où à défaut du père , la mère exerçoit un droit de garde. J'en ai ailleurs proposé les motifs et le mode.

TITRE X.

De la Minorité, de la Tutelle et de l'Émancipation.

Nous ne reviendrons pas ici sur ce qui a été dit touchant la durée de la minorité.

L'art. 395 impose au conseil de famille , qui conserve la tutelle à une mère remariée , la nécessité de donner pour co-tuteur son

sesond mari. Il étoit bien plus simple de statuer que toutes les fois qu'une mère remariée
seroit conservée dans la tutelle, son second
mari seroit obligé d'être co-tuteur.

L'art. 421, qui assujettit même le père
tuteur légal à provoquer rigoureusement et
promptement la nomination d'un subrogé tuteur, s'écarte trop du sentiment de confiance
dû à la puissance paternelle. Le principe
du Droit romain *administratio patris penitùs
impunita* est conforme à toutes les convenances. On l'a bien reconnu dans l'art 459
et suivans. Il est possible qu'un conseil de
famille se trouve composé d'individus portés
à donner de l'inquiétude à un père tuteur,
et le père, quand il s'agit de l'intérêt de son
enfant, me paroît toujours plus digne de
confiance que le conseil de famille lui-même.
Lorsque les biens d'un pupille sont de si
médiocre valeur, qu'il est trop onéreux d'en
venir à la procédure de subrogation de tuteur,
faut-il toujours exiger cette procédure ?

TITRE XI.

De la Majorité, de l'Interdiction et du Conseil judiciaire.

Sur l'art. 488 nous ne saurions trop répéter ce qui a été dit ailleurs, qu'il falloit conserver la fixation de l'âge de majorité à vingt-cinq ans, au lieu de la réduire à vingt-un. Nous avons vu dans quelque harangue d'un membre du Tribunat, que pour justifier cette innovation, on se rabattoit sur ce que la nouvelle éducation donnée dans les Lycées, quoique à un petit nombre d'individus, rendoit la raison des jeunes gens plus précoce, plus digne de confiance. On sent tout ce que vaut une pareille justification.

L'art. 499 ne devroit s'appliquer principalement qu'aux prodigues, et cependant on n'a point cherché dans le nouveau Code à prendre aucune mesure contre la prodigalité des pères de famille, pas plus que pour empêcher les prêts faits aux fils de famille. Si on a entendu que l'application de cet art.

499 fût faite aux individus dont la raison est assez foible pour avoir besoin d'un Conseil, mais pas assez foible pour mériter l'interdiction, pourquoi permettre à ceux-là de faire un testament, ou même de se marier sans Conseil ?

L'art. 504 est propre à produire l'effet le plus révoltant, dans le cas où un fils respectueux répugnant à une instance d'interdiction de la personne de son père, durant la vie de ce père, se trouve forcé à la cruelle nécessité de vaincre cette répugnance, s'il a à combattre des actes trop lésifs de spoliation. A-t-on oublié cet antique principe de raison naturelle qui a dû former axiome de Droit ? *Aucun contrat n'existe sans véritable consentement. — Il faut être capable de consentement et de raison pour contracter.* Sans doute tout homme majeur doit être supposé d'une raison suffisante, et par conséquent *integri statûs* ; mais quand on est fondé à sortir de cette supposition, des preuves évidentes doivent-elles toujours être repoussées, à moins qu'un fils n'ait pris une précaution qui l'expose à être accusé d'irrévérence envers son père ?

SUR LE LIVRE SECOND.

Des biens et des différentes modifications de la propriété.

____

TITRE PREMIER.

De la distinction des biens.

Ici les distinctions des biens immeubles et meubles sont très-sagement fixées ; mais il y auroit peut-être plus d'avantage à s'être borné dans des définitions générales , pour laisser les cas particuliers à décider par l'équité du juge , qu'à descendre dans trop de détails de dispositions positives où on ne prévoit jamais tout. Nous nous référons sur ce point à l'observation générale précédemment rappelée , sur les inconvéniens qu'il y a de trop multiplier les lois positives. Si on eût assez pesé cette observation , M. Malleville n'auroit pas eu l'occasion de remarquer justement qu'en ne comprenant les statues parmi les immeubles que lorsqu'elles sont placées dans une niche , on excluoit celles qui sont mises sur bases dans les cours et jardins , qu'on pourroit ainsi tromper la bonne foi d'un acheteur , qui doit naturellement croire les acheter , en achetant le jardin qui en seroit décoré.

L'art. 537 appartient à un cours de principes de législation dont le Code ne sauroit dispenser ; mais il grossit inutilement ce Code où il faudroit se resserrer dans le cercle le plus étroit possible.

Les art. 538 et 539 emportent l'exclusion de l'antique maxime : *Quod nullius est , fit primo occupanti.* C'est pourtant là un principe de Droit naturel. J'ose dire que M. Malleville se trompe en supposant que les cas d'appliquer ce principe sont fort rares. Les Orateurs du Gouvernement n'ont trouvé nulle difficulté à supprimer simplement ce principe, pour déclarer que tous les vacans sont de la nation. Néanmoins le profond M. Portalis, pérorant sur les articles concernant la propriété, a débuté par avouer que l'homme a un droit naturel d'occupation.

TITRE II.

De la propriété.

On pouvoit renvoyer aussi à un cours d'études sur les principes de législation les art. 544, 546, 547 et 548 ; mais il faut applaudir aux sages dispositions contenues jusqu'à l'art. 577, touchant le droit d'accession.

TITRE III.

De l'usufruit, de l'usage et de l'habitation.

APPLAUDIRONS-NOUS aussi à tous les articles suivans, jusqu'au 624 touchant l'usufruit, comme à ceux jusqu'à 636 touchant le droit d'usage et d'habitation ? Oui, sans doute, quoique tout le mérite de sagesse de ces articles appartienne au Droit romain ; car l'ordre, la méthode, la netteté de rédaction honore assez le jurisconsulte rédacteur.

TITRE IV.

Des servitudes ou services fonciers.

LE même mérite de rédaction règne dans le choix des dispositions qui règlent la matière des servitudes, où il a fallu faire un excellent choix, non pas uniquement dans les lois romaines, mais encore dans les nombreux ouvrages des jurisconsultes.

L'art. 640 pose ce principe : » Le pro-» priétaire supérieur ne peut rien faire qui » aggrave la servitude du fonds inférieur «. Ce principe est trop vaguement exclusif ; car s'il est vrai que rien ne puisse être fait dans la seule vue de nuire au propriétaire du fonds inférieur, le propriétaire supérieur ayant le droit de se préserver lui-même du préjudice que les eaux peuvent causer dans son fonds , a la faculté de détourner ce préjudice en conduisant les eaux de manière que réellement le propriétaire du fonds inférieur en souffre davantage , sauf à celui-ci à s'en défendre à son tour le mieux qu'il peut.

Cette observation critique semble être échappée à M. Malleville ; mais en bon jurisconsulte il a suppléé ailleurs le commentaire ou modification qu'un tel article législatif comportoit nécessairement. Ainsi en reconnoissant le principe *malitiis non est indulgendum* , il ajoute fort à propos qu'on peut faire tout ce qu'on veut dans son propre fonds , pourvu que cela ne soit pas fait *animo nocendi* ; et le dessein de nuire ne se présume pas.

SUR LE LIVRE TROISIEME.

Des différentes manières dont on acquiert la propriété.

Dispositions générales.

CE n'étoit pas la peine de renvoyer (art. 717) à des lois particulières pour statuer sur les choses perdues dont le maître ne se représente pas. Nul inconvénient à laisser ces choses en mains de celui qui les a trouvées. Il eût fallu néanmoins par une loi positive et générale infliger quelque peine contre celui qui négligeroit de rechercher le maître de la chose trouvée qui seroit un peu importante.

TITRE PREMIER.

Des Successions.

LES art. 720 et suivans suppléent très-bien à l'insuffisance des lois romaines sur les présomptions de survie.

Les art. 739 et suivans fixent aussi très-bien le droit de représentation, en l'admettant à l'infini pour la ligne directe descendante, en l'excluant dans la ligne ascendante, et l'admettant en ligne collatérale dans tous les cas en faveur des enfans et descendans des frères et sœurs du défunt.

En général les articles sur les successions *ab intestat* sont tracés avec une extrême sagesse, et c'est ici une partie de la législation très-essentiellement améliorée en France, ne fût-ce que par l'uniformité où ont été réunis les pays du Droit coutumier avec ceux du Droit écrit. D'ailleurs on a plusieurs fois rectifié très à propos le Droit romain.

L'art. 784 présente une preuve de la défectuosité des lois positives trop multipliées. Cet article veut strictement que la répudiation ou rénonciation à une succession ne puisse plus être faite qu'au Greffe civil de l'arrondissement où est situé l'héritage. Nous avons eu, comme Juges d'appel, occasion d'entendre un procès où il eût été convenable, utile aux parties, équitable, d'admettre sur l'audience, à la veille du jugement, une confirmation de répudiation par la partie intéressée, qui n'avoit été faite en première instance que par un Avoué sans pouvoir exprès. L'objection de l'art. 784 du Code civil nous a arrêté par un obstacle insurmontable, à cause de la précision trop positive de cet article.

Il paroît dans l'art. 818, qu'une femme dont tous les droits seroient compris dans une constitution dotale, n'est point suffisamment représentée par son mari constitué procureur irrévocable : ce qui est contre les principes de la dotalité, même contre ceux de ce genre de procuration.

Sur

Sur la matière des successions , M. Malleville reconnoissant qu'elles doivent être fixées d'une manière rélative au Gouvernement sous lequel on vit , avoue que lors de la rédaction du Code nous étions dans un état amphibie, qui laissoit beaucoup d'incertitudes sur l'espèce de Gouvernement qui seroit adopté. Il est possible , dit-il , que si le Code avoit été fait plus tard , les lois à cet égard auroient pris une marche plus assurée.

Cependant après avoir comparé les lois romaines à la bigarrure des lois coutumières , il se borne à observer que la préférence accordée aux mâles par celles-ci , pouvoit s'accommoder à tout Gouvernement bien policé.

S'il m'étoit permis de donner un avis d'un poids égal à celui d'un ancien Magistrat aussi respectable que M. Malleville , je me serois gardé de laisser quelques regrets aux habitans des pays coutumiers habitués aux préférences données aux mâles. Car dans une occasion aussi rare que celle qui a bouleversé toute la jurisprudence , pour offrir le moyen facile

de la renouveler, en conformité des principes généraux les plus favorables à l'équité
ou raison universelle, il falloit négliger sans
pitié toutes les coutumes qui s'écartoient de
tels principes. Dans une semblable position
je me réglerois sans cesse par ce principe important » regardons comme loi positive défectueuse celle qui n'appartient pas à la raison universelle, et rejetons-la par cela seul
qu'elle n'est point nécessaire «.

La féodalité avoit aussi certains avantages,
et il suffisoit de la bien régler, pour qu'elle
fût compatible avec un Gouvernement policé.
On a pourtant eu raison de la supprimer,
et dès long-temps j'ai adhéré au vœu de
ceux qui ont tenu pour cette suppression. En
la faisant disparoître, on a tellement simplifié
la législation que l'utilité qu'on a retirée de
la mesure de suppression est inappréciable.
En général les Droits féodaux heurtoient
violemment ceux de liberté et d'égalité naturelle. On sait bien que les sujets d'un Gouvernement quelconque ne doivent perdre une
portion de cette liberté ou égalité que dans

le sens où ce sacrifice est nécessaire pour la bonté du Gouvernement , par conséquent produit un bien général. En partant de cette maxime , il falloit anéantir tout ce qui aggravoit inutilement le sort de la majorité des habitans de la France. En proscrivant d'antiques institutions odieuses qui prenoient leur source dans la tyrannie de l'état militaire , il falloit néanmoins discerner et respecter tout ce qui avoit formé un droit légitime de propriété. Mais dans les mouvemens irréguliers d'une grande révolution , il n'est pas étonnant qu'on dépasse les bornes que l'impartiale sagesse prescrit. Au lieu de vassaux qui faisoient peser sur leurs cantons une puissance particulière dont les abus étoient plus onéreux que ne pouvoit être la puissance toute réservée au Monarque , on pouvoit conserver, comme il n'y auroit nul mal à rétablir des vassaux qui seroient contenus dans des droits honorifiques , et qui n'exerceroient réellement qu'une espèce de magistrature déférée par le chef souverain de l'État. Mais, encore une fois , soit en ce qui concerne le droit successif, soit en tout autre moyen établi pour acquérir une prérogative, un droit de propriété, il faut se borner aux mesures évidemment nécessaires pour la prospérité et la bonne discipline de l'état social.

TITRE II.

Des Donations entrevifs et des Testamens.

N'AYANT pour objet que de présenter des observations serrées, mais suffisantes pour l'amélioration de la législation civile, au lieu de spécifier les nombreux articles législatifs du nouveau Code civil sous ce Titre important, je les embrasserai dans des considérations générales, où j'aurai à opposer entre elles les pensées des Orateurs du Gouvernement.

C'étoit avec raison que M. Sedillez Tribun disoit sur la loi dont en ce Titre : » Peut-être chacun de nous trouveroit-il » quelque chose à désirer, quelque chose

» à réformer, parce que les combinaisons
» d'une pareille loi sont infiniment variées,
» les intérêts, les opinions en ce moment-
» ci extrêmement divergentes. Mais quand
» le principe en est bon, la loi est faite,
» la loi est bonne, le temps et l'expérience
» amènent les améliorations et concilient
» les opinions «.

Nous n'avons donc à nous occuper que des améliorations, fallût-il rectifier certains principes qui ont présidé à la loi.

Je conviendrai avec M. le Conseiller d'État Bigot-Préameneu, que la meilleure loi civile sur les donations et testamens est celle qui s'écarte le moins de la loi de raison naturelle, par conséquent la plus propre à se plier aux différentes formes de Gouvernement. Mais quelles que soient les réserves légitimaires que la plus sage raison aura prescrit de fixer, il convient toujours de permettre qu'un testateur fasse un héritier par lequel il soit représenté, pour que les créanciers ou les légitimaires s'addressent à cet héritier et prennent de ses mains leurs créances ou légitimes. Cet ordre de choses est beaucoup meilleur en soi que celui par lequel le Code français veut que tous les co-héritiers naturels soient saisis de plein droit d'une succession, et qu'un légataire à titre universel vienne recevoir de leurs mains. Cet ordre, disons-nous, est meilleur, parce qu'il simplifie les procédés de distribution des lots et droits sur une hoirie. Il conserve au véritable héritier l'honneur de représenter le défunt.

La règle ailleurs tant vantée, *Le mort saisit le vif*, toujours bonne pour les successions *ab intestat*, le seroit encore plus pour les successions testamentaires, parce que celles-ci sont le plus ordinairement déférées à un seul individu. Cette règle n'a d'heureuse application que là où un seul représente le défunt. Car s'ils sont plusieurs représentans qui ne veuillent demeurer dans l'indivis, avant de les atteindre il faut leur laisser faire un partage, ou bien le créancier est obligé de diviser son action et d'avoir trop de contradicteurs. Un testateur sait bien pourquoi il place sa confiance en celui qu'il élira pour son représentant. Pourquoi l'empêcher de faire cette élection , d'user de cette confiance dont les résultats doivent être aussi favorables à l'hoirie qu'aux créanciers de l'hoirie ? Pourquoi la loi lui donne-t-elle divers représentans forcés ? Une pareille disposition ne peut procéder que du principe qu'on auroit pensé devoir admettre, que la cause des héritiers *ab intestat* est préférable à la cause des héritiers testamentaires. Mais il s'en faut que le sage Orateur du Gouvernement, que nous venons de nommer, ait procédé sur un tel principe. Au contraire il a posé comme principe fondamental sur la transmission des biens, le systême fondé sur les degrés d'affection entre les parens et la confiance à laquelle cette affection donne droit. Or la disposition législative qui empêche de se faire représenter par un héritier testamentaite est contradictoire avec ce systême de confiance présumé qui suppose l'absence d'une expression de confiance ouvertement déclarée. Cette faculté du testateur tient même de près aux convenances d'un Gouvernement monarchique.

On peut porter la même critique sur l'abolition absolue de toute substitution fidéicommissaire. Sans doute il falloit réprimer l'abus ou excès des fidéicommis qui engendroient trop de procès ruineux pour les familles. Mais quel motif plausible avoit-on pour empêcher même un seul degré de substitution ? Dans l'étendue de la vie humaine, le testateur voit bien facilement les enfans de celui qu'il institue héritier ou légataire universel. Pourquoi lorsqu'on donne toute liberté de disposer à l'homme qui n'a point d'enfans, resserre-t-on cette liberté sur la faculté de substituer uniquement permise en faveur de neveux ou nièces, tandis qu'on la permet à un chef de famille qui a plusieurs enfans et en faveur de ses petits-fils, et tandis que la faculté de disposer paroît ici moins libre ? N'y a-t-il pas là quelque contradiction avec les principes ailleurs établis, qu'il faut laisser toute latitude à la liberté de disposer qui tient essentiellement au droit de propriété ?

La Jurisprudence précédente qui, suivant l'art. 59 de l'Ordonnance d'Orléans, confirmé par l'Ordonnance de 1747, permettoit jusqu'à deux degrés de substitution étoit plus raisonnable, puisqu'il n'est pas rare qu'un testateur voyant ses arrière-petits-fils, veuille étendre jusqu'à eux ses intentions de bienfaisance, ou, si l'on veut, aime de prendre des moyens de conservation de son héritage jusqu'à ce degré de génération qu'il a pu embrasser dans ses affections. Quant aux autres testateurs qui n'auroient pas vu ce second substitué, la loi agissoit par fiction, ou plutôt se déterminoit par un motif politique, qui, dans le Gouvernement d'un seul, a trait à la conservation de splendeur des familles attachées au Chef suprême de l'État, et peut profiter à tous les descendans dans une famille bien ordonnée.

On a exagéré l'odieux d'une transmission de biens trop considérable à un seul descendant qui excitoit une juste jalousie des descendans au même degré. Mais on avoit suffisamment satisfait à toute justice, en grossissant la légitime des enfans du testateur. Une fois cette légitime préservée, les branches des légitimaires n'ont plus de plaintes à former.

La fraude qu'on a craint pour les créanciers sur les biens substitués cessoit devant des mesures d'un juste régime hypothécaire.

Enfin le motif pris de ce que les substitutions tenoient hors du commerce une grande masse de propriétés , disparoît devant les avantages que l'agriculture et d'autres grandes entreprises reçoivent d'une plus grande étendue de moyens mis dans une seule main. A-t-on oublié combien même les corporations religieuses avoient rendu de services sur ce point , par les ressources qu'elles concentroient dans leurs moyens d'administration ?

Avouons que nos lois d'aujourd'hui tiennent encore un peu de l'impression et de l'excès d'un enthousiasme révolutionnaire , pour de vaines idées d'égalité. Voici les argumens de la Section du Tribunat proposés par M. Jaubert, qui ont prouvé que la faculté illimitée de disposer à titre gratuit en ligne collatérale ne blessoit pas l'intérêt national.

» Chez une nation puissante, les grandes
» masses de propriété peuvent se trouver sans
» inconvénient dans une seule main.... l'a-
» griculture elle-même ne peut obtenir ses
» plus grands développemens que des travaux
» des grands propriétaires... la liberté illimitée
» de disposer plaît à l'homme : aucun droit
» n'est mieux approprié à sa dignité... aucun
» ne peut exciter davantage son émulation «.

Tous ces argumens vrais dans cette thèse, ne le sont pas moins pour soutenir un droit modéré de faire des substitutions , pour en induire la faculté qu'auroit un père de plusieurs enfans de choisir entre eux ou même ailleurs un héritier, sauf la réserve de légitimes suffisantes. M. Jaubert ajoute : » Que
» l'homme ne soit pas accusé de son vivant
» d'avoir voulu faire des actes simulés ou
» téméraires ; qu'après sa mort on ne voie
» pas éclater une lutte scandaleuse entre
» l'héritier de la loi et l'héritier de la vo-

» lonté ; en un mot , qu'un testament puisse
» tout régler , *dicat testator et erit lex* ,
» paróles qui nous ont été transmises par les
» premiers Législateurs du peuple Roi , et
» qui nous rappellent toute notre dignité «.

Indépendamment du bénéfice qu'on retire
plus ou moins de la qualité d'héritier , il
étoit convenable d'honorer cette qualité. Les
Romains n'avoient pas méconnu ce sentiment d'honneur qu'on devoit y attacher , et
les avantages moraux qui en résultoient.
Aussi considérant l'importance des effets d'un
testament , surtout dans l'institution d'héritier , ils l'avoient environné des formalités
les plus solennelles. Nous avons presque dé-
daigné ces solennités. On s'est borné à cal-
culer froidement et arithmétiquement le plus
ou le moins qu'un père ne pouvoit se dispenser de donner à ses enfans. L'insouciance
touchant les formalités a été jusqu'à permettre les testamens olographes à tout le
monde. Le respect dû aux volontés d'un
père de famille avoit seulement consacré , au-
près des Jurisconsultes , cette forme de tes-

tamens à valoir entre les enfans du testateur. Convenoit-il d'outrepasser cette limite ? non sans doute ; c'est-là une espèce d'irrespect envers l'acte lui-même du testament et envers celui de l'institution d'héritier ; encore cette disposition législative arrive dans un siècle où la fraude habile de contrefaçons d'écriture a eu si souvent des succès , où tant de procès ont été suscités sur de fausses écritures , où on oublie que des scélérats pourroient mettre le pistolet sur la gorge à un homme foible ou infirme pour le forcer à écrire de sa main un testament olographe ; et pourtant l'on nous affirme que l'expérience n'a point appris qu'il ait résulté des abus de cette forme qu'on admet , dit-on, parce qu'elle est très-commode. M. Bigot-Préameneu convient néanmoins peu après que les formalités des testamens mystiques doivent être telles » que les manœuvres de la plus sub-
» tile cupidité soient déjouées , et que c'est
» surtout le nombre des témoins qui peut
» garantir que tous ne sauroient entrer dans
» un complot criminel.

Écoutons le savant Tribun M. Siméon :

» Le peuple romain, dit-il, qui eut tou-
» jours pour but principal et première, pas-
» sion l'immortalité ; qui vouloit que chaque
» citoyen pût dicter des lois domestiques
» qui réglassent après lui son patrimoine,
» qu'il se survécût à lui-même, et fût tou-
» jours représenté ; ce peuple regardoit com-
» me une infamie que l'on mourût sans
» héritier, qu'il ne se trouvât quelqu'un qui
» se fît un honorable et généreux devoir de
» recueillir les droits et de remplir les obli-
» gations du défunt : opinion digne de la
» première simplicité de ses mœurs et de la
» générosité de son caractère «.

Pourquoi les Français n'attacheroient-ils
pas aussi quelque amour propre et un honneur à avoir un héritier, comme un enfant
peut en attacher à être l'héritier de son père ?
Y auroit-il là quelque chose d'étranger à nos
mœurs ? la précédente phrase de M. Siméon
ne contient - elle pas une critique indirecte
de la disposition législative qui abolit la faculté de nommer un héritier testamentaire

parmi les enfans du testateur ?

Suivant le nouveau Code, je puis maintenant donner à Jean l'usufruit d'un domaine, et à Pierre la nue propriété du même domaine ; y auroit-il différence dans les effets, si je donnois le domaine à Jean, à la charge de le rendre à Pierre ? non assurément. Cependant cette dernière disposition ayant la forme extérieure d'une substitution, est annullée, et l'autre, qui, aux termes près, est la même chose, est validée. Lorsque les Législateurs, interprétant la loi du 17 nivôse an 2, par celle du 9 fructidor suivant, déclaroient propriétaire l'usufruitier universel, comme s'il étoit simplement institué héritier, et le dispensoient d'une charge de rendre équivalente à une substitution, ils étoient, ce me semble, plus conséquens.

Une grande question s'est élevée entre les Jurisconsultes, depuis l'émission du Code Français, sur un point trop peu clairement défini par ce Code, et sur une matière où il est important de ne jamais laisser d'incertitude. Les uns soutiennent que la quotité disponible à l'égard d'un testateur qui laisse des enfans étant clairement déterminée par l'art. 913 , la légitime de ces enfans , composée de tout ce qui n'est pas disponible , ne sauroit être entamée par aucun avantage légué à l'épouse survivante du testateur leur mère ; les autres prétendent que les dons entre époux ayant été privilégiés par les lois établies depuis la révolution , et même par le nouveau Code civil qui en fait la matière d'un Chapitre séparé , il est permis de cumuler la faculté de donner , suivant l'art. 1094 , l'usufruit de moitié d'héritage à l'époux survivant , avec la faculté d'avantager un des enfans par le don de la quotité disponible , de manière que la moitié d'usufruit légué à l'époux survivant affecte soit la moitié de la quotité disponible , soit la moitié des légitimes réservées. Il seroit trop long de rapporter les argumens pour et contre ces deux opinions. La première, qui exclut la cumulative dont il s'agit , est plus conforme à l'ancienne théorie sur les légitimes , qui veut qu'elles restent absolument intactes , et peut-être mieux

dans

dans le sens que la lecture du Code présente. La seconde opinion est fondée sur
des motifs d'équité et de convenance, et
s'assortit mieux avec le privilège que les dons
entre époux méritent. Le Législateur aura
donc à s'expliquer pour éviter l'embarras
des Tribunaux, et quand même les Tribunaux se réuniroient pour le premier sens,
il conviendroit de les ramener au second.
En effet, si nous comparons le droit de
légitime fixé par l'ancien Droit romain, à
celui qui a été augmenté par le nouveau
Code, les enfans y gagnent assez pour ne
pas trouver mauvais que leur père ou mère
obtienne une moitié d'usufruit sur ce qui
leur obvient de l'héritage d'un de leurs auteurs prédécédés. L'obligation que le Droit
naturel impose réciproquement aux enfans
de suppléer à ce qui manque à leur père ou
mère, et au père ou mère de suppléer à
ce qui manque à leurs enfans est un motif
suffisant pour permettre que l'usufruit d'une
légitime soit momentanément et par moitié
suspendu. D'ailleurs tout ce qui donne plus

de latitude aux facultés de disposer accordées à un père ou mère de famille est favorable; la confiance du Législateur ne sauroit mieux se reposer que sur le jugement paternel.

Nous terminerons nos observations sur ce Titre, en renvoyant à celles faites très-justement par M. Malleville sur l'art. 104 , en faveur de la saisine de l'héritier testamentaire. Cette saisine, dont l'utilité est démontrée par l'expérience qu'on en a en pays de Droit écrit, évite bien des circuits et des contestations. L'irritation où est l'héritier naturel de se voir privé d'un droit sur lequel il pense facilement qu'on lui a fait grand tort, peut le porter à piller la succession. Il falloit au moins, en adoptant le systême coutumier pour la saisine des héritiers légitimes, établir des peines repressives et suffisantes contre les expilateurs d'hérédité.

Quant à l'exclusion que fait le Code civil de l'ancien droit d'exhérédation qu'avoient les pères sur leurs enfans pour cause juste, et sur tout ce qui est relatif aux substitutions, ou dispositions officieuses, M. Malleville reconnoît qu'on aura besoin d'un sérieux examen à la première révision.

Bien loin que le droit d'exhérédation consacré par une longue suite de siècles d'une sage Jurisprudence dût être supprimé, s'il n'avoit jamais existé, il eût fallu l'inventer dans un siècle où la décadence des mœurs, l'esprit de licence qui s'est trop développé en violens écarts pendant la révolution, et a laissé de malheureux restes depuis que la révolution est finie, ont produit une si grande pente à l'insubordination des enfans. Les exhérédations n'ont-elles pas toujours été des cas très-rares ? Craint-on que la révolution ait pu bouleverser les lois de la nature, et qu'un père ne soit toujours père ?

TITRE III.

Des Contrats et des Obligations conventionnelles en général.

LA rédaction du nouveau Code présente dans la matière des contrats , un classement d'articles parfaitement fait. Quoiqu'il n'y eût qu'à s'emparer d'une analyse des œuvres de Pothier pour produire un travail excellent , nous devons rendre justice au mérite qu'il y a de s'être prévalu d'une telle analyse en juriste éclairé. Depuis long-temps j'avois dû concevoir combien il étoit important de tirer parti des ouvrages d'un auteur aussi recommandable , pour tracer les maximes de raison et d'équité qui régissent les diverses obligations. Mais comme Pothier lui-même les avoit principalement puisées dans le Droit romain , en suivant le bel ordre qu'il y avoit mis , j'avois rattaché toutes ces maximes à une citation de loi romaine dans

des principes du Droit civil romain , pu-
bliés en 1776.

Cependant il faut assigner des différences
entre un ouvrage élémentaire propre à faciliter les études , un ouvrage contenant un
traité méthodique qui fournit de plus grands
développemens pour la direction des jugemens dans les Tribunaux , et un Code qui
doit présenter dans un cercle étroit , soit les
principes généraux , soit des développemens
suffisans , pour qu'il n'y ait plus qu'à se con-
fier en la raison et l'équité des Juges , sans
s'embarrasser des anciens tractatistes.

Nous remarquerons ici que les dispositions préliminaires sur les contrats, contenant
les définitions des différentes espèces de contrats , appartiennent plutôt à un traité de principes de législation qu'à un Code civil.

Il est bon , sans doute , d'avoir mis à
contribution les ouvrages estimables où le
barreau trouvoit auparavant tant de lumières.
Mais est-il bon d'avoir réduit en règles législatives toujours abstraites les décisions de
la plupart des cas en matière de contrats ?

Les rédacteurs du Code Justinien n'avoient-ils pas plus de raison de produire les cas eux-mêmes en forme d'exemples , et adopter la décision de tel ou tel ancien Jurisconsulte ? ce qui laissoit à l'équité du Juge le soin d'appliquer la règle ou de l'exclure , suivant les diverses nuances des cas à juger. Les rédacteurs du nouveau Code , en se bornant à des décisions décharnées, ne sont souvent bien intelligibles qu'en tant qu'on aura leurs règles abstraites d'une main , et de l'autre main les cas spécifiés pour exemples par Pothier ou autres ; ce qui seul rend sensible la justice de la règle posée.

De-là il seroit peut-être permis de conclure qu'il valoit mieux se borner à des règles plus générales , telles qu'on en trouve dans le Digeste *de diversis regulis juris* ou *de verborum significatione.* Car les nouveaux Législateurs , en s'étendant à des maximes plus détaillées dans chaque espèce de contrat, ne nous ont point dispensé d'étudier les œuvres où ils les ont puisées , pour nous pénétrer des justes développemens qu'elles comportent.

Au contraire, cette manière sèche de rédaction que nous venons de reprocher au nouveau Code, malgré la régularité de classification de ses articles, rendra les consultations d'Avocats plus souvent nécessaires qu'elles n'étoient auparavant. En multipliant les articles positifs de Législation précise, on augmente la gêne du Consultant, à cause de l'infinité de cas variés qu'il est impossible au Législateur de prévoir.

Prenons quelques exemples pour la démonstration de ce que nous venons de remarquer.

Lisons l'art. 1220. N'est-il pas trop abstrait pour les lecteurs ordinaires, malgré les explications d'exceptions portées par l'article suivant ? Qu'on lise l'art. 1224, et l'on verra combien un exemple de dette indivisible serviroit à faire comprendre la règle que cet article porte.

Il y a une espèce de contradiction entre l'art 1131, qui prononce la nullité de l'obligation sans cause, et l'article qui vieut immédiatement après pour valider la convention dont la cause n'est pas exprimée. Mêlez cette contradiction avec les difficultés offertes par nos principes , qui rejettent la preuve testimoniale de ce qui est hors des actes écrits , et vous augmenterez l'embarras.

Dans l'art. 1258 , il est exigé , pour qu'une offre de paiement soit valable , qu'elle soit faite par un officier ministériel. Est-ce qu'une offre qui seroit faite devant le Juge , ou même devant notaire , par le débiteur en personne , ne seroit pas suffisante en Droit ? Voilà ce que c'est que de vouloir toujours préciser les dispositions législatives.

L'art. 1304 , qui limite à dix ans non-seulement les actions en rescision , mais même celles en nullité des conventions , emporte , par cette décision absolue , même les conventions infectées de quelque délit, dol ou turpitude. Là néanmoins la prescription de trente ans eût dû être appliquée ; car l'avantage qu'il y a de couper bientôt racine aux procès par des lois tranchantes n'est rien devant le respect qu'il faut conserver pour les principes moraux de juris-

prudence. Pouvons-nous oublier la philosophie des Stoïciens , qui , parmi tant de maximes précieuses qu'elle a transmises aux Juristes , a signalé celle-ci : *Il n'y a de juste
que ce qui est honnête ?*

De même, dans l'art. 1307 , on a contrarié la loi 2 *Cod. si minor se majorem
dixerit* , en prononçant que la déclaration
de majorité faite par le mineur ne faisoit
pas obstacle à sa restitution. Par conséquent
on a blessé l'autre principe moral de jurisprudence *lex deceptis , non decipientibus opi-
tulatur.* Encore une fois, auroit-on oublié que
l'étude de la jurisprudence ne doit être autre
chose que l'étude de la philosophie morale ?
Non. C'est apparemment une inadvertance ,
puisqu'on a été obligé dans cet art. 1307 ,
de tomber en contradiction avec l'art. 1310 ,
où il est dit que le mineur n'est point res-
tituable contre les obligations résultant de
son délit ou quasi délit.

La décision portée par l'art. 1353 , que
les juges ne doivent admettre les présomptions que dans les cas où la loi admet les

preuves testimoniales , résiste à tous les principes de Droit , et semble incompatible avec les fonctions auxquelles le Juge est appelé.

TITRE IV.

Des engagemens qui se forment sans conventions.

CE Titre sagement rédigé est fort court. Après les définitions de ces sortes d'engagemens , il détermine ce que sont les quasi contrats , ensuite ce que sont, en matière civile , les délits et quasi délits.

Inutilement observerions-nous qu'en ce dernier point on rencontre un nouveau contact entre le Code civil et le Code criminel. Mais il ne sera pas inutile de remarquer qu'on trouve dans ce petit cadre de quoi faire à la fois l'éloge et la critique du nouveau Code ; et le lecteur appliquera facilement la même remarque en beaucoup d'autres endroits.

L'éloge sera juste , en apercevant que les rédacteurs ont su réunir en peu de mots ce

qui appartenoit à l'ancien Code et aux Instituts , et se sont épargnés d'en venir à un
Livre séparé sur les actions civiles.

La critique ne sera pas moins juste en
rappelant qu'un véritable Code n'a pas besoin
d'être grossi de définitions qui appartiennent
à l'étude des principes de Droit ou de Législation ; que les mots *quasi contrats* , *quasi
délits* sont des espèces de fictions qui ren-
trent dans la même étude , et qu'il y auroit
beaucoup plus de simplicité , en adressant le
Code à l'intelligence commune des citoyens ,
de dire : il naît une telle action de tel ou
tel fait.

De même que la source la plus abondante
de morale découle de ce principe : *Fais à
autrui ce que tu voudrois qu'on te fît* ; de
même le fondement du meilleur Code est le
principe qui accompagne le précédent , *ne
fais pas à autrui ce que tu ne voudrois pas
qu'on te fît.* Les Gouvernemens appuyés sur
ces maximes sacrées ont pu faire des Codes
bien simples , où ils déterminoient briévement , en termes impératifs , les droits des

pères, des époux, l'âge pour contracter, la faculté de tester, la règle des successions *ab intestat*, et les prescriptions. Tels étoient les Codes antiques qui pouvoient facilement être exposés à tous les regards, dans une place, sur une pierre ou une planche. Ce qui a fait dire à Horace : *Fuit hæc sapientia quondam leges incidere ligno*. Dans la simplicité des mœurs antiques, ces Codes brefs pourvoyoient encore à la répression des délits, s'occupoient même du respect dû à la plantation des termes, aux sépultures, punissoient le meurtrier et l'abigeat. Mais quand on a eu fait une sérieuse étude de la justice, ces Codes ont pris une croissance extrême, en s'occupant de cas particuliers trop multipliés ; il a fallu recueillir, analyser ses idées. Voilà pourquoi après le Digeste et le Code, on eut besoin des Instituts.

Qu'étoient ces Instituts, si ce n'est les élémens de la Législation, pour en faciliter l'étude, même pour la concentrer ? Nous, qui avons voulu donner à notre Code une forme d'Instituts, nous n'y avons nullement

concentré l'étude du Droit qui a été proposée , nous avons même indiqué le besoin
d'une étude très-étendue. Plus cette étude a
dû être étendue , plus nous aurions dû nous
prêter à cette flexibilité de règles que l'équité
prescrit pour tant de cas divers ; mais au
contraire , sous prétexte d'éviter les embarras , nous nous sommes attachés à rendre
les règles inflexibles. Sans doute trop de flexibilité a ses abus ; mais l'inflexibilité est bien
plus répugnante à la raison , à l'équité , en
quelque sorte incompatible avec de bonnes
études du Droit. Je renvoie ici aux Œuvres
de Cicéron ; ou plutôt tout a été assez renfermé dans ce principe important, *summum
jus , summa injuria.*

TITRE V.

Du Contrat de Mariage , et des devoirs res=
pectifs des Époux.

JE ne saurois me dispenser de m'appesantir
encore , comme je l'avois fait avant l'émission du Code , sur ce que le besoin d'une
Jurisprudence uniforme en France appeloit
la préférence en faveur du régime dotal ,
plutôt que celle pour la communauté conjugale du pays coutumier. Disons mieux : il
n'y avoit qu'à laisser subsister l'entière liberté des conventions matrimoniales , et à
défaut de conventions supposer que les époux
avoient voulu rester libres en leurs biens ; rien
n'empêchoit d'ailleurs d'associer cette liberté
avec un droit d'administration conféré au
mari sur les biens de la femme. Mais à défaut de stipulations expresses , fallût-il nécessairement choisir entre le régime dotal et
la communauté conjugale pour droit com-

mun , le choix eût dû se porter sur le premier, 1.º parce qu'il renferme de plus grandes convenances que l'autre , 2.º parce qu'il se trouvoit dans les habitudes de la majorité des Français ; 3.º parce que le droit de communauté conjugale rend assez inutilement le Code compliqué et engendre mille procès ; 4.º ajoutons encore parce que le Code Napoléon devoit se communiquer et s'étendre à d'autres peuples encore plus étrangers que les Français . au système de communauté conjugale.

Dira-t-on qu'en laissant la liberté de stipuler la communauté entre époux, il falloit toujours statuer sur les effets de cette stipulation ? Non : on pouvoit s'en tenir aux règles générales concernant les actes de société, et on s'épargnoit cent quarante articles législatifs qui surchargent le Code sans tout prévoir. L'habileté même des rédacteurs, qui, analysant très-bien cette matière , n'a pu les faire réduire à un moindre nombre d'articles , prouve combien cette partie de jurisprudence est défectueuse dans son principe. Il étoit d'autant mieux suffisant de se borner à laisser la liberté d'établir la communauté conventionnelle qui auroit été réglée par les lois générales des conventions , que le corps d'articles législatifs du nouveau Code tirés des auteurs de jurisprudence coutumière , n'offre rien de sage qui ne soit originairement puisé dans le Droit romain. C'est ainsi qu'on y fait l'application des principes touchant les conventions , les partages d'hérédité, les rapports , le droit social , la nécessité de faire inventaire exact et sincère , etc. Qu'étoit-il besoin d'admettre une convention présumée de société de biens entre époux ? N'étoit-il pas plus simple de dire qu'il n'y a de convention ni obligation , là où il n'y en a point réellement de fait ?

En examinant avec impartialité le pour et le contre de la disposition législative , qui, dans le silence du contrat de mariage , induit la communauté légale pour droit commun , suivant les détails où est entré M. Duveyrier Tribun , qu'il faut comparer au discours de M. Carion de Nisas , on conclura
qu'il

qu'il valoit encore mieux induire le régime dotal. Le motif de ce que le régime de la communauté présente beaucoup plus de complication que l'autre, milite sur tout à une époque où les actes judiciaires sont devenus d'une cherté ruineuse ; et comme les citoyens les plus pauvres sont les plus portés à s'épargner de faire un contrat de mariage, cette épargne les expose à subir d'assez grandes dépenses.

Il est sans doute permis de se refuser à l'opinion de M. le Tribun Siméon, qui fait remonter aux premiers âges, ou plutôt à l'état sauvage ou instinctuel des premières sociétés conjugales, la communauté des biens. Car l'homme naturel a dû primitivement sentir toute sa force, son ascendant sur son épouse. Il a dû être plus maître de tout, plus despote que dans l'état civilisé.

J'aime ici à me rencontrer dans le même sens que M. Malleville, qui a observé que la majorité du conseil étoit composée de membres habitués au régime de la communauté, et cette majorité emportoit déci- -

sion pour les articles législatifs (*).

L'art. 1392 est ainsi conçu : » La sim-
» ple stipulation que la femme se constitue
» ou qu'il lui est constitué des biens en dot
» *ne suffit pas* pour soumettre ces biens au
» régime dotal, s'il n'y a dans le contrat
» de mariage une déclaration expresse à cet
» égard «. Est-ce parce que la rédaction de
cet article est vicieuse, ou parce qu'il prononce contre la manière la plus naturelle dont
il faut entendre la stipulation dont il s'agit,
que M. Malleville dit, page 201, tom. 3 :
» On peut soutenir, encore dans le cas de
» pareille stipulation, qu'on est censé se sou-
» mettre au régime dotal, sans qu'il soit
» besoin de stipulation expresse, et cela pa-
» roît très-naturel « ?

Remarquons en passant l'espèce de superfluité des articles 1447 et 1464. On savoit
bien assez en général, qu'il ne doit être rien
fait en fraude des créanciers. Le principe

Voyez son Analyse, tome 3 , page 202.

général suffit à cet égard , sans qu'il soit besoin d'en faire dans un Code , comme on a fait souvent dans celui-ci , l'application aux thèses particulières. Cette marche ressemble trop à celle des tractatistes ; qui veulent épuiser les règles sur la matière particulière dont ils s'occupent. Ici le Législateur doit être un peu différent du Jurisconsulte.

TITRE VI.

De la Vente.

Il est étonnant que M. Portalis grand Orateur et Jurisconsulte , comparant le Droit romain au Droit français , sur les principes de la perfection du contrat de vente , estime celui-ci plus raisonnable , parce qu'il a (et par conséquent l'autre n'a pas) sa base dans les rapports de moralité qui doivent exister entre les hommes. Il donne cette préférence en vue de critiquer le principe *traditionibus , non pactis , dominia rerum transferuntur ,*

principe déduit du plus sérieux examen ,
des rapports qu'il y a entre la possession
et le droit de propriété (*). Mais on sait
bien que le Droit romain veut rigoureusement
que tous les pactes s'observent , que le contrat de vente soit parfaitement obligatoire
entre le vendeur et l'acheteur , et fournit
positivement à celui-ci une action *rei vindi-*
cationis. N'est-ce pas du Droit romain que
les Juristes français ont emprunté ces excel-
lentes maximes ? La translation du domaine
tenoit à la possession notoire , même par le
motif politique de rendre visible à tous cette
translation , pour qu'on ne se trompât point
sur le vrai propriétaire : moyen bien plus naturel que celui des registres d'hypothèque ou
de contrôle qu'on est assujetti à aller consulter. Une spéculation fiscale a valu en France
l'invention de ces registres ; mais la connoissance des mutations de propriété n'en résulte

---

(*) J'ai développé ailleurs ces rapports. *Civilis doctrina
Analysis philosophica.* 1777.

pas mieux pour le public, qu'elle ne résul-
toit du système de tradition des Romains.

Lorsque j'ai indiqué le Droit romain comme un précieux dépôt où il falloit recueillir
un choix de lois qui formassent le Droit
commun de la France, même de l'Europe,
j'ai aussi indiqué plusieurs points où il falloit
le rectifier, le simplifier. Les rédacteurs du
nouveau Code y ont parfaitement réussi en
certains points exposés çà et là dans les
discours des Orateurs du Gouvernement, et
j'applaudis volontiers à leurs succès. Mais
ici il ne m'est point démontré qu'on ait fait
une juste critique du système romain, touchant la perfection de la vente et le transport de la propriété par la seule tradition,
en disant que le contrat est parfait par le
simple consentement des parties. Tout contrat
est sans doute parfait, lorsque la stipulation
réciproque y est intervenue, *actione ex sti-
pulatu.* Nous tenons ce principe des Juristes
romains eux-mêmes, sans en excepter l'application au contrat de vente. Mais à l'égard
des tiers, le transport n'est pas complet par

un contrat qu'ils ont ignoré. On auroit tort de regarder ce système comme une subtilité, ou même comme un moyen facile de stellionat ; parce que les lois étant présumées connues de tous les sujets, c'est la faute des acquéreurs qui n'auroient point exigé une tradition qu'ils savoient leur être nécessaire.

Si on doutoit du respect que le Droit romain prescrivoit pour l'exécution de toute convention , on en trouveroit une grande preuve dans cette loi même qu'on a cru devoir supprimer , en la traitant de vaine subtilité ; je veux dire cette loi qui permettoit de vendre la chose d'autrui. Sans doute cette loi étoit accompagnée de l'explication juste que le vrai propriétaire ne pouvoit être dépouillé , sans que le vendeur étranger obtînt son consentement en le désintéressant ; autrement le vendeur étoit tenu envers l'acquereur à des dommages et intérêts. Ce circuit-là même de dispositions législatives ne montre-t-il pas la volonté du Législateur poussée à l'extrême , pour que toute espèce de convention s'accomplisse , même celle qui est impossible en apparence ?

En annullant ces sortes de ventes , on ne fait que soustraire un moyen de plus que la législation consacroit pour faire respecter les conventions. Qu'on prenne garde de ne pas accuser trop légèrement les Ulpien , les Papinien de subtilité ; car ils déduisoient leurs maximes des replis mystérieux des principes les plus justes , et ces espèces de secrets de l'art du Jurisconsulte , n'en attestoient que mieux la profondeur de leurs vues.

Il semble que ce n'est qu'à tâtons et d'une manière chancelante que les rédacteurs du nouveau Code ont essayé de contrarier les anciens principes que nous venons de rappeler. L'art. 1583 , portant que la vente » est » parfaite entre les parties, et la propriété » est acquise de droit à l'acheteur à l'é- » gard du vendeur , dès qu'on est convenu » de la chose et du prix , quoique la chose » ne fût pas encore livrée « paroît ne pas emporter assez clairement l'abrogation de l'ancienne maxime *traditionibus , non nudis pactis dominia transferuntur.* Car entre le

vendeur et l'acheteur , le droit de revendi-
quer la propriété étoit équivalent au transport de cette propriété , suivant les lois anciennes, et cette maxime ne militoit réellement
qu'en faveur des tiers. Cependant l'affectation
de ne pas établir ou répéter la même maxime
dans le nouveau Code , a dû en faire supposer l'exclusion ; aussi M. Malleville , qui
étoit mieux à portée que personne de connoître les intentions des rédacteurs , n'avoit
pas hésité de dire sur l'art. 1141 , que la
loi *Quoties* 14 , *Cod. de rei vindicat.* avoit
été abrogée pour les immeubles. Il en dit
autant sur l'art. 2583 (*) ; mais par un
retour d'opinion , dans un volume posté-
rieur (**) , il pense que la loi *Quoties* doit
être encore suivie pour les immeubles, quoique l'abrogation expresse de toutes les anciennes lois qui ne sont point littéralement
répétées dans le nouveau Code résiste à ce

____

(*) Tome 3 , pag. 37 et 357.
(**) Tome 4 , page 322 et 323.

nouvel avis. Il se réserve de s'expliquer dans un Errata. Je n'ai point rencontré cette explication.

Cette contrariété de Commentaires prouve au moins l'incertitude de la marche des rédacteurs ; car ils devoient répéter ou annuller franchement les dispositions de la loi *Quoties*.

Croira-t-on facilement à la conservation de cette loi, en lisant l'art. 1606 , ainsi conçu ? » La délivrance ou transport s'opère » même par le seul consentement des par- » ties , si le transport ne peut pas s'en faire » au moment de la vente, ou si l'acheteur » les avoit déjà en son pouvoir à un autre » titre «.

Ce texte laisse trop de cas à juger dans l'obscurité. C'est principalement pour l'intérêt des tiers que le défaut de tradition avoit fait confirmer la seconde vente du même immeuble dont il n'y avoit point eu de tradition réelle. Les traditions feintes , admises dans l'ancienne jurisprudence , reposoient toujours sur quelque espèce de possession réelle. Ici le seul consentement ou *pacte nud* fait transport, si le transport ne peut se faire au moment de la vente.

Supposons que le transport pouvant se faire au moment de la vente, ne se fasse pas, et que l'on convienne qu'il se fera dans un temps plus éloigné, et que dans l'intervalle de ce temps, le vendeur ait pris des mesures pour retenir l'usufruit, non comme stipulation de retenue de cet usufruit qu'on pourroit replacer rétroactivement dans l'acte primitif de vente, mais comme si l'acheteur revendoit au vendeur lui-même des fruits qu'il croiroit mal à propos lui être déjà transmis, dans quelle incertitude seroit le Juge, dans quel embarras seroit le tiers acquéreur par une seconde vente ? Celui-ci ayant toujours vu jouir le vendeur, pourroit-il supposer une tradition ou un pacte de tradition ?

Revenons sur l'art. 1599, qui annulle la vente de la chose d'autrui, et dispense le vendeur des dommages et intérêts, lorsque l'acquéreur savoit que la chose étoit d'autrui. Il suffiroit de dire contre cette innovation, qu'on y a contrarié le principe fondamental de toutes conventions ; savoir ; elles doivent rester libres en ce qui ne contrarie pas les bonnes mœurs.

Dans l'art. 1600 , autre disposition contraire au Droit romain , dans la loi 1.ère, *ff. de hæred. vel act. vend.* savoir, on empêche la vente de l'hérédité d'un homme vivant , lorsque celui-ci y consentiroit. Ne diroit-on pas ici que les Législateurs français ont attaché la même importance que les anciens Romains au droit de disposer avec grande formalité testamentaire , *calatis comitiis*, du transport d'une succession d'un individu à l'autre ? cependant ils permettent de faire une donation universelle qui emporte le même résultat qu'une vente de succession d'homme vivant, avec consentement de celui-ci. D'où vient que ce contrat est mieux permis que l'autre ? apparemment parce que le mot *vente* dégrade trop la dignité de l'homme dont l'entière succession se trouve ainsi transférée. Mais ce sont plutôt les effets que les mots qu'il faut considérer. En général les Romains s'attachant toujours aux principes ,

en déduisoient toutes leurs conséquences législatives. Il n'y a pas toujours le même
accord dans le nouveau Code , entre les
principes et les conséquences ; du moins
plusieurs dispositions législatives y reposent
sur des principes dont la vérité peut être
contestée. En prohibant la vente de là succession d'un homme vivant , lorsque celui-ci
y consent , on est sans doute assez conséquent à une disposition précédente où l'on
annulloit absolument la vente de la chose
d'autrui ; mais là pèche le principe. Il n'y
a point d'autre bonne raison pour annuller
la vente de la succession d'un homme vivant , avec son consentement , tandis qu'on
autorise ses testamens ou donations univer-
selles , si ce n'est la différence des formalités
qu'on attacheroit de plus à ces actes , pour
mieux faire réfléchir sur leur importance.

Art. 1674. La différence de fixation de
sept douzièmes , au lieu de moitié du juste
prix , que cet article introduit pour la lésion
qui fait rescinder les contrats entre majeurs
est si peu considérable , que ce n'étoit pas la

peine d'en faire le sujet d'une innovation de jurisprudence. La quotité de lésion surpassant moitié du juste prix , offroit une raison suffisante de justice.

L'art. 1676 borne à deux ans l'action rescisoire. Plus il est vrai que cette action est fondée en justice , suppose une espèce de dol , plus il y avoit de motifs pour laisser subsister le terme de dix ans , qui n'étoit pas trop long. Il falloit aussi ne pas abroger les exceptions subsistantes contre cette prescription.

Art. 1681. Qu'étoit-il besoin dans cet article d'accorder le bénéfice d'un dixième du prix à l'acquéreur évincé pour lésion énorme *quœ œquiparatur dolo* ? Cela est-il bien assorti à la morale de la législation ? le règlement de ce dixième n'amène-t-il pas un embarras de procédure de plus ?

TITRE VII.

De l'Échange.

L'ART. 1706 exclut la rescision pour cause de lésion dans les contrats d'échange.

En lisant sur cela les observations de M. Malleville , j'ai été bien étonné qu'on ait préféré ici l'avis de Basnage , Maurice , Bernard , Gueret , à celui de Godefroy , Cujas et Dumoulin.

TITRE VIII.

Du Contrat de louage.

RÉLATIVEMENT à l'art. 1743 , qui abroge la loi *Emptorem* , sur la faculté qu'avoit l'acquéreur d'expulser le fermier établi par le vendeur , voyez la courte analyse par M.

Malleville (*), des grands débats que cette abrogation a occasionnés. C'étoit beaucoup que les contendans eussent convenu que cette faculté étoit favorable au droit de propriété qu'il importe tant de respecter. Toute justice n'est-elle pas rendue au fermier ou locataire expulsé, lorsqu'on condamne le bailleur à tous les dommages et intérêts envers lui ? Quand la loi *Emptorem* subsistoit, tous fermiers ou locataires n'étoient-ils pas assez avertis qu'on ne louoit qu'à cette condition ?

TITRE IX.

Du Contrat de société.

Dans l'art. 1846, il falloit déterminer le taux des intérêts dont il est parlé. La licence de l'usure, qui résulte du silence de la loi, est très-dangereuse.

(*) Tom. III. pag. 453.

TITRE X.

Du Prêt.

IL n'est rien dit ici, comme M. Malleville l'observe (*), des emprunts faits par les fils de famille majeurs ou mineurs, qui étoient précédemment annullés par le Senatusconsulte Macédonien, quoique ces emprunts soient bien fréquens et d'une grande conséquence dans ce siècle, au préjudice des mœurs ; ainsi que de la tranquillité des pères de famille.

Art. 1912. Il est un peu dur d'obliger au rachat le débiteur d'une rente constituée, qui est seulement en retard de deux annuités.

(*) Tome IV, pag. 55.

TITRE XI.

Du Dépôt et du Séquestre.

Il n'y a qu'à applaudir à toutes les lois sous ce Titre.

TITRE XII.

Des Contrats aléatoires.

TITRE XIII.

Du Mandat.

Nous devons en dire autant de ces deux Titres.

TITRE XIV.

Du Cautionnement.

LE Senatusconsulte Velleyen n'a pas été plus ménagé que le Macédonien , et nos Jurisconsultes n'auront plus guères à s'occuper des lois qui rappeloient le Sénat romain. Celle-ci , qui , observée en pays de Droit écrit , prohiboit aux personnes du sexe de cautionner pour autrui , étoit fondée sur des motifs plausibles. Du moins les Juristes italiens la conservoient avec une modification inventée par l'équité du Sénat du Piémont , c'est-à-dire , jusqu'à concurrence de la moitié de la dot , pour que l'autre moitié fût seulement aliénable.

Je partage l'opinion de M. Goupil-Préfeln , Tribun , qui a désapprouvé qu'une *caution fût assujettie à avancer les deniers suffisans pour faire la discussion du principal obligé,* suivant l'art. 2023. Il m'a semblé que la

Justesse de cette opinion n'a point été vic-
torieusement combattue. Le créancier qui,
traitant principalement avec son débiteur,
n'a point exigé la solidarité de la caution,
ni qu'elle renonçât au bénéfice de discussion,
a dû s'attendre naturellement au besoin d'ac-
tionner le débiteur avant la caution. Le
fidéjusseur n'est placé à son égard qu'au
second ordre. Telle est la manière la plus
naturelle d'entendre cette sorte de contrat.
Peu importe qu'autrefois on pût agir uniquement *et primo loco* contre la caution ;
qu'ensuite, par une espèce de bienfait du
Législateur, on permît à cette caution de
requérir la discussion du principal obligé. On
doit induire de cette chronologie de jurisprudence, que le bénéfice de discussion ayant
été une exception inventée en faveur du fidéjusseur, il ne faut pas que les frais soient
d'abord à la charge du créancier. Mais au
lieu de comparer les dates des lois, il est
bien plus convenable de se régler par le
sens naturel des transactions sociales. Je prête
à Titius dix mille francs : je crains de le

trouver insolvable lorsque je l'actionnerai ; j'exige une caution. Cela signifie que je me réserve mes actions pleines contre la caution, si mon débiteur est insolvable. Ne sais-je pas que même les frais nécessaires pour discuter le principal obligé , me seront remboursés par la caution , comme accessoires de la dette ? La seule distinction des mots *principal obligé* et *obligé secondaire* , décide la question. Il falloit donc ici déduire la loi de la simple définition grammaticale des mots , tels que nous les entendons communément.

Voulez-vous , dans la personne de la caution , un second obligé principal , un obligé solidaire contre lequel vous puissiez *de plano* intenter votre action ? vous n'avez qu'à l'exiger. Dès-lors , au lieu d'avoir précisément une caution , vous aurez , dans la véritable acception de l'obligation , un débiteur solidaire. Votre caution , si l'on peut jouer sur le terme , seroit une trop grande précaution, s'il vous étoit permis de l'attaquer et la forcer de prime abord au paiement de la dette d'autrui. Il est évident , comme on l'a reconnu dans le nouveau Code , que caution simple n'est qu'une ressource que vous vous êtes réservée en cas d'impuissance de votre débiteur. L'art. 2023 devoit donc être rejeté. Si les anciens Jurisconsultes romains , qu'on a accusé par fois de subtilité , étoient ici à portée de s'en défendre , ils pourroient bien retorquer l'accusation. D'où vient que ces Romains n'ont pas songé à rien statuer sur les avances des frais de justice dont il s'agit ? c'est qu'apparemment de leur temps l'accès du temple de la Justice n'étoit pas si coûteux qu'aujourd'hui , et la chose ne valoit pas la peine d'une telle prévoyance. Est-ce la faute de leur législation ?

TITRE XV.

Des Transactions.

Ce Titre très-sagement rédigé ne permet un peu de critique que sur la disposition de l'art. 2052 , qui exclut absolument la faculté d'attaquer une transaction pour cause de lésion.

Il est convenu que les transactions doivent être très-difficilement annullées ; mais l'envie louable d'éteindre tout procès , doit se concilier avec les grands principes d'équité. La lésion énormissime a toujours été regardée comme contenant un véritable dol ; et puisque ailleurs on avoue que le dol suffit pour rescinder la transaction , il falloit mettre la cause de cette lésion parmi les moyens de rescision. La preuve positive des faits de dol est ordinairement très-difficile ; mais lorsqu'elle résulte du contrat lui-même , qu'est-il besoin d'autres faits ?

TITRE XVI.

De la Contrainte par corps en matière civile.

LA rédaction de ce Titre est parfaite dans tous les sens.

TITRE XVII.

Du Nantissement.

CE que ce Titre contient mérite le même éloge.

TITRE XVIII.

Des Privilèges et Hypothèques.

JE ne sais si c'est moi ou tout autre qui a suggéré les premières idées du parti qu'on pourroit tirer d'un système sur la spécialité des hypothèques. Toutefois voici ce que j'en disois en 1786, dans le second volume de mon ouvrage sur la Réforme des Lois civiles, page 237. Après avoir observé que pour obvier à la mauvaise foi des débiteurs, il falloit sévir rigoureusement contre ceux qui auroient hypothéqué spécialement le même immeuble en faveur de divers créanciers, je témoignois le désir qu'il y eût un registre particulier pour les hypothèques spéciales : je voulois qu'il fût prohibé à ceux qui ont hypothéqué tous leurs biens, d'en hypothéquer ensuite spécialement une partie, à moins que ce ne fussent de nouvelles acquisitions. » Cette prohibition, disois-je, engageroit » tous ceux qui prêtent, *à demander à l'emprunteur une hypothèque spéciale.* Le fonds » déjà soumis spécialement pour la sûreté » d'une dette, ne pourroit l'être une autre » fois, à moins qu'il ne fût d'une valeur » excédant d'un tiers la nouvelle créance » jointe à la précédente. Le prêteur pourroit » se mettre à l'abri de toute surprise, en » vérifiant dans les registres publics si l'immeuble qui lui est offert pour hypothèque » spéciale n'a pas déjà été affecté à un autre » créancier. Il résulteroit d'un tel arrangement, que les prêteurs ne pourroient plus » être trompés «.

J'observois » que, suivant ce système, » ceux qui auroient hypothéqué généralement » tous leurs biens libres, ne devroient nul-

» lement pouvoir dans la suite donner la
» même assurance à de nouveaux créan-
» ciers , si ce n'est lorsqu'ils prouveroient
» que la valeur de la totalité de leurs biens
» excède d'un tiers tous leurs emprunts «.

J'observois enfin » que l'obligation par
» laquelle on hypothéqueroit tous ses biens
» à venir ne devroit pas être prohibée ;
» mais il faudroit que ceux qui auroient
» contracté une semblable obligation ne pus-
» sent ensuite rien hypothéquer spécialement ,
» si ce n'est les nouveaux fonds qu'ils ac-
» querroient à prix d'argent et en faveur
» des vendeurs de ces mêmes biens «.

On voit que je m'étois ainsi conformé au
grand principe portant que la liberté des
conventions doit être toujours respectée. Je
m'occupois seulement de réprimer les fraudes
qui pouvoient y intervenir , et je ne chan-
geois presque rien aux principes du Droit
romain.

Les avantages ci-dessus énoncés de la
connoissance d'un registre d'hypothèques spéciales , ont tellement engoué quelques Juristes ,

qu'ils en avoient déduit le projet de faciliter les échanges ou moyens de transactions commerciales , en établissant des cédules qui , chacune , comporteroient leur garantie d'hypothèque spéciale : ce qui mobilisoit en quelque sorte les immeubles.

Tant d'engouement a été l'origine de la prohibition de l'hypothèque générale , qui blesse la liberté des contrats , et de la prohibition de l'hypothèque des biens à venir, qui supprime un moyen de transaction sociale. Mais , laissant de côté toutes les lois portées depuis la révolution et avant le Code civil , arrêtons-nous aux dispositions fixées par ce Code.

M. Malleville (*) rapporte toutes les opinions qui avoient été émises au Conseil d'État , sur le système hypothécaire , et préfère celle de M. Portalis , qui consistoit à adopter purement les lois romaines sur les hypothèques. J'aurois d'autant mieux partagé

____

(*) Tome IV, pag. 223.

l'avis de ces deux Jurisconsultes, que j'avois déjà préféré le système de la généralité de l'hypothèque, à celui de la spécialité, en proposant, dans un projet de Code, d'attribuer de plein droit l'hypothèque générale à toutes obligations notariées et contrôlées, excédant mille francs.

Cependant l'article 2129 n'admet plus d'autre hypothèque conventionnelle valable, que celle qui porte sur des biens spécifiés dans le contrat. Le premier défaut attaché au système de la spécialité de l'hypothèque, est que l'indication précise et claire de l'immeuble grêvé manque à l'égard des hypothèques légales et judiciaires. La concurrence de celles-ci avec l'hypothèque conventionnelle, fait perdre à la dernière les avantages qu'on a voulu tirer de la spécialité. Ainsi il a été impossible d'échapper à l'action de l'hypothèque générale.

M. Malleville a observé sur l'art. 2103, que les privilèges dont on y règle les rangs se trouvent confondus dans le même article, sous plusieurs numéros. Il semble incertain s'il faut s'en tenir , pour la priorité , à la série de ces numéros ; comme en se conformant à cette série , il peut en résulter des injustices , et que les opinions des Jurisconsultes sont diverses sur les préférences dont il s'agit , on a eu tort de ne pas s'expliquer clairement là-dessus.

Il me semble encore qu'on peut critiquer le texse du n.º 4 de cet art. 2103. L'obligation imposée aux entrepreneurs d'ouvrages , de faire dresser préalablement un procès-verbal de l'état des lieux , et six mois après la perfection des ouvrages leur réception et plus value du lieu , pour qu'ils puissent obtenir un privilège de leur créance sur l'immeuble , obvie à tout préjudice des créanciers antérieurs. Mais cette obligation n'est-elle pas trop rigoureuse ? et faute d'y avoir satisfait , n'est-il pas dur d'encourir déchéance ? N'est-ce pas là contrarier le principe *nemini licet locupletari cum alterius detrimento* , en refusant l'action si juste de *in rem verso* ? Les preuves qu'on exige par un préalable , s'obtiendroient postérieurement sans inconvénient.

Ceci est un des exemples qui prouvent qu'en multipliant trop les lois positives, on s'expose à être injuste ; car la simple exécution des principes généraux du Droit met plus à l'abri de toute injustice.

L'art. 2104 expose le créancier muni d'une hypothèque sur les immeubles de la succession de son débiteur , à voir diminuer sa créance par un grand nombre de serviteurs que ce débiteur d'un luxe trop hardi se seroit avisé d'entretenir.

Dans l'art. 2151 , n'est-ce pas trop que de réduire à deux années d'arrérages l'effet de l'inscription des créances ? n'est-ce pas forcer les créanciers à être durs envers les débiteurs ?

Art. 2154. N'auroit-il pas fallu aussi prolonger à vingt ans, au lieu de dix, l'effet de l'inscription ? car tout doit être simplifié pour éviter embarras.

TITRE XIX.

De l'Expropriation forcée, et des Ordres entre les Créanciers.

LES règles établies ou rappelées sous ce Titre sont très-justes ; mais comme les formules judiciaires pour leur exécution sont d'une grande conséquence, la critique doit se tourner vers ces formules, en ce qu'elles auroient de trop minutieux et de ruineux : l'expérience va nous l'apprendre.

TITRE XX.

De la Prescription.

LA manière dont les règles sont ici tracées sur cette matière, offre un modèle de la plus sage précision ; nous n'y saurions contredire que la limitation où l'on réduit la bonne foi requise pour prescrire.

C'étoit par un principe de bonne morale que la loi 8. § 1. *Cod. de prescript.* 30 *annorum*, exigeoit que même la prescription trentenaire fût commencée de bonne foi, qui néanmoins se présumoit. Comment à-t-on pu dédaigner ce principe dans l'art. 2282 ? La faveur due à cette espèce de prescription qui obvie à tant de litiges, rassure les longs possesseurs, et qui, sous ce rapport, est appelée patronne du genre humain, ne vaut pas la faveur due au règne de la morale, bien mieux conservatrice des Empires.

Il est vrai que par l'art. 2265, on demande cette bonne foi pour les prescriptions de dix ou vingt ans. Mais est-il assez moral de ne l'exiger qu'au moment de l'acquisition, suivant l'art. 2296 ? Quelque louable que soit le prétexte d'éviter des procès, je préférerois d'entrer dans le sens de la loi 48. *ff. de acquir. rer. domin.* qui condamne l'acquisition des fruits, du moment que la bonne foi cesse. Il me semble qu'en fixant des règles de Jurisprudence, il convient de s'attacher à celles qui tiennent à la doctrine des mœurs ou d'une probité pure , sur tout lorsqu'on compose presqu'entièrement la nouvelle Législation des trésors puisés dans les Pandectes, où les principes antiques et précieux de cette doctrine avoient été si soigneusement recueillis.

FIN.

9 782014 040975